久住昌之の終着駅から旅さんぽ

久住昌之・著

天夢人
Temjin

はじめに

今、全国的にローカル線が廃線になる傾向にあるのは、すごくさびしい。

ボクは運転免許を持っていないので、移動は鉄道が基本だ。だから線路が無くなっては困る。

それに旅に出たら、出先で酒を飲みたいから、鉄道旅の方がいい。車だと、運転する人は飲めないじゃないですか。酒を我慢してる人の前で飲むのは、ちっともおいしくない。

列車はトイレもついてるしね。駅弁つつきながら、車窓を眺めてビールなんて最高。

電車の揺れに身を任せてウトウトするのも心地いい。

子供の頃から、電車の窓から風景を見るのが大好きだった。両親と中央本線で山梨の祖父に家に行く時も、いつまでも見ていられた。街を抜けて、山、川、橋、畑、家、道、遠くの教会、ホテルのネオンサイン。

地方で夜行列車に乗っていて、暗がりにポツンとオレンジ色の窓明かりが見えると、なぜかたまらなく切なくなった。今もそうだ。

もともと鉄っちゃんでもなんでもないボクだが、近年、どんどん列車が愛おしくなっている。

鉄道が無くなると、駅も無くなる。それもさびしい。

駅舎というのも、その姿、存在がたまらなくいいんですよね。あらためて見ると。

とくに古い駅。小さな駅も大きな駅も、古い駅にはどこか風格のようなものが備わっている。その中にいても、外から眺めていても、心を澄ますと、駅から目に見えない大きな感情のようなものが伝わってくる。

古い駅には、たくさんの人の出発や別れ、帰還や再会、夢と挫折の物語が詰まっているからだろう。通り過ぎた人々の想念が、駅には宿っている。そう思えるのだ。

そんなわけで今、「終着駅」という言葉に、とても惹かれる。その言葉だけで、胸がキュンとする。

でもそこに留まってメソメソしてても、誰も面白くないので、そこから出発しようと思いました。

力まず、肩の力を抜いて、目的も目標もなく、散歩に出てみようと。

気楽にお付き合いいただければ嬉しい。

もくじ

アルピコ交通　上高地線

新島々駅

（長野県・松本市）

大きな三角の屋根が印象的な駅

レトロモダンな「旧島々駅舎」。新しい駅に申し訳ないが、昔の駅舎の方が、小さいけど
絵本に出てきそうで魅力的だ。色見も形もデザインも質感も、とてもかわいい

島々駅跡をめざして新島々駅に降り立った

「新島々」という名前がずっと気になっていた。〝しんしましま〟という響きが面白い。「しまじま」と読むのではなく「しましま」なのがユーモラスだ。しかも、島というのに、長野の山の中。

　でもよく考えたら「新」なのだから「島々」というのはあるのか？　と思って、地図を見たら、終点の新島々駅の少し先に「島々駅跡」と書いてある。今は無いのか。

　それで、上高地線の終点、新島々駅から、島々駅跡まで散歩してみることにした。

　松本からアルピコ交通上高地線で、新島々までは約30分。軽い電車旅だ。車両は元京王線3000系と、元東部の2000系。ボクは子供の頃から井の頭線に乗ってきたので、フロントガラスが目のようにふたつある車両に、すごく親近感を覚える。

市街地を抜けると遠くに山がぐるりと見え、ここが盆地であるのがわかる。線路が緩やかに蛇行したり、かすかに登っているのを、目やからだで感じながら乗っていられるのは、速度がゆっくりな車両ならではだ。いかにも「のりもの」って実感があって、子供のようにウキウキする。「新島々」駅に到着すると、乗客のほとんどは、駅前に停まっていたバスに向かった。行き先は、上高地や乗鞍《のりくら》高原のようだ。

新島々駅舎は、大きな三角の屋根が印象的な新しい駅だ。山がすぐ後ろに迫っている。写真を撮って、振り返ったら、向かいの駐車場の奥に、実に雰囲気のあるレトロな建物があった。近づくと「旧島々驛舎」と看板が出ていた。こちらが元の駅舎だったのか。駅はなんらかの理由で今の位置に移動したのだろうか。

歩き始めた道には「野麦街道」と書いてあった。駅を発車したバスが、ボクを追い越していく。歩いているのはボクだけだ。

少し行くと「赤松ドライブイン」があった。いわゆるドライブインには全然見えない、木造モルタルの平屋。シブイ。「信州名物手打ちそば」と書いてある。時刻は午後1時半。遅い昼を食べに入ろう。

客は誰もいなかった。広くはないし古いけど、片付いて

「半もつ皿」。もつ皿の「小」だ。素朴にうまい。お通しのお新香も、自家製味。箸置きは持参したもの

こういう中華そばが好きで、ここは蕎麦屋とわかっていながら、つい頼んでしまう。店内で地元の野菜やそば粉や米も販売していた

INFO

赤松ドライブイン

アクセス：新島々駅より徒歩3分
営業時間：11～14時30分、17～20時
不定休

ずっとこんな車道の歩道部分を歩く。でも視界も広く、空気もよく、気分がいい。誰も歩いていない

いて、居心地いい。内観もいよいよドライブインぽくない。だけど、こういう食堂的な店が、ボクは大好きだ。そばうどんの他に、カレーライスや肉丼や、もつ皿定食がある。「半もつ皿」というのがあったので、それとビールを頼む。

午後の日差しが入る店内。テレビが小さな音でついている。お通しに、漬物と揚げ蕎麦の小皿が出てきた。瓜の漬物が珍しく、おいしい。もつ煮込みには野菜がたくさん入っていて、素朴にうまい。それでビール。静かで、最高の旅のひと時だ。

蕎麦が名物と書いてあるのに、ボクは中華そばを注文した。食堂的な店のラーメンが好きなのです。普通さが嬉しい醤油ラーメンだった。エノキが少し入っているのがちょいと面白い。おいしい。満足。

出ると、道は結構車通りが多い。歩道を歩く。普段、通行人がいないせいだろうか、歩道に草がいっぱい伸び出ていて、歩きにくい。でもそれもまた楽しい。

左手はすぐ山になっていて中腹に、小さな神社が二つばかりあった。右手の道路の向こうは川。「梓川」という川だと、今東京で調べて知った。

気をつけないと見過ごしそう。恐る恐る近づいて、ドアを開けたら、驚くべき店だった

野麦街道を歩っきながら見つけた〝JAZZ〟と書かれた看板

道沿いに野菜の無人販売所が現れる。「食べられるほうずき」を売っている。初めて見た。ミニトマトのようにそのまま生で食べられるとある。どれでも100円の安さ。食べてみたいとも思ったが、残ったのが荷物になる気もしてやめた

そこを過ぎたところに、古い大きな酒屋があった。立派で雰囲気のある店構えだったが、本日休業だった。覗きたかったたな。

道の脇には、彼岸花が真っ赤な花を咲かせている。コスモスも揺れている。

ゆるやかな坂。やっぱり空気がいい。

さらに歩くと、右手に「山麓島々館」という店があった。「そば処」と書いてあるが「食事&喫茶」という看板も出ている。二階建てで立派なのだが、どこか怪しい感じもして、入ってみたくなる。ところが、暖簾もでているのに、中は暗くて準備中のようだ。またか。残念。

道路はいよいよ山間部に入ってきた。迫ってくる山の緑がきれいだ。道が曲がり、梓川を越える橋にさしかかった。欄干から真下を覗くとかなり高い。砂利の河原。水は澄ん

でいる。

橋を渡りきった左手に、山小屋風の建物が現れた。「コーヒー・食事・ピザ」と書かれた看板が地味に立っている。ここも準備中かな。入り口のドアの横に真っ赤な文字で「JAZZ」と書いてあって、これに吸い込まれるようにして近づく。営業感が極めて低い。が、やってるっぽい。

木の階段を3段上り、ドアを開ける。奥に向かって「すみません」と言う。

飲み物を飲んでるお客さんが3人ほど見えた。営業している。やった。

ボクの姿を見て跳ね上がるように立った白髪の男が「いらっしゃませ」と言った。この人が店主だろう。

「いいですか？」というと「どうぞどうぞ」と店内にうながしてくれた。

驚いた。奥にどでかい木のスピーカーが、ドドーンと並んでいる。明らかに手作りとわかるそのスピーカーからは、低くジャズが流れている。いい音だ。別な大きなのや小さいスピーカも並んでいる。店主はオーディオマニアに違いない。オープンリールのデッキ、業務用みたいなCDプレイヤー、ターンテーブル、いくつかのアンプ、ボクにはわからない機械もたくさんある。

昔の電話や蓄音機もある。何本かのウクレレや、アップ

ご主人の好きなものだけ詰まった、隠れ家のような店。店名の「カフェ ガト アスール」は帰るとき知った

ライトのピアノもあった。机にはオーディオや無線の雑誌。いやー、すごい店に当たった。主はかなりの凝り性だ。でも常連さんと思われるお客さんとの話ぶりは、物腰が柔らかく穏やかだ。

コーヒーにシフォンケーキ 贅沢なおやつの時間

コーヒーと手作りケーキを頼む。このコーヒーがとてもうまくてちょっと驚いた。コーヒーにもこだわりがあるのだろう。シフォンケーキも繊細にふわふわですごくおいしい。ケーキにたっぷり添えられた生クリームには、凍らせたブドウが3粒入っていた。そんなの初めてだ。素晴らしいおもてなし。今長野はブドウが旬のはずだ。

時計を見ると3時半。こんな山の中で、なんとも贅沢なおやつ時間だ。

天井も床も壁も木で、窓からは森が見える。

後から入ってきたお客さんが「今日は半日薪割りで、疲れちゃった」と笑っている。近所なのだろう。この店にも、現役らしい鉄製の薪ストーブがある。いいなぁ。

「どうやらウチにはカラスが二羽、住みついてるようだ」

「へえ……」

という、お客さんののんびりした会話に、旅の男は心から和まされた。

ピザも生地から手作りと書いてある。でも気になったのは「特製カレーライス」だ。この凝り性の店主が作るカレー、どんなものだろう？　想像力を掻き立てられる。

そうだ、島々駅舎跡に行こうと思ってたんだ。と思い出しグーグルマップを見たら、なんとすでに通り過ぎている。

自家製ケーキと本格コーヒーが絶品。
残念ながらお店は2021年3月に閉店してしまったよう

そんなの無かったぞ。しかも現在位置に、この店が出てい
ない！　今ボクは、タヌキに化かされている状態なんだろうか？

　帰り際「すごいオーディオですね」というと店主は「もともと、こういうことをしたくて、この店を始めたんですよ」と穏やかに笑った。

　今年で開店19年目。51で東京の会社を辞めて、ここに来たんだそうだ。大勢お客さんが来ると、近所の人が入れなくなるから、あまり宣伝せず静かにやっているそうだ。それでマップに出なかったのか？

「すぐそこまで、シカやウサギやサルが来ますよ。餌付けした鳥たちも」と店主は目を細めてた。なんだか夢みたいだ。

　店を出て、マップにある島々駅舎跡に行ってみたが、本当に何もない。探したけど、ただ木や草が生えているだけだ。碑ひとつ立っていない。一本裏の細い道で庭の手入れをしているおばちゃんがいたので、聞いてみると「うん、駅の跡は、そこだった」と荒地を指差す。「あ、記念碑とかそういうのは無いんですか」と言うと、

「無いよ。そこにあった駅舎は、新島々の駅前に持って行ったから」

「え？　あ、そうか！」

　ボクはトンマだった。駅前で見た旧駅舎こそ、ここにあった島々駅なのだ。てっきり、新島々駅の旧駅舎だと思っていた。それだったら「旧新島々駅舎」となってるはずだ。

　ボクは今日のゴールを、スタート地点ですでに見ていたのだった。なんというオチ。

新島々駅MAP

東武鉄道　大師線

大師前駅

（東京都・足立区）

小さな路線のシブい終着駅

西新井駅の大師線のホーム。「大師線のりば」と書いてあるが、「西新井駅」とはどこにも書いてなかった

深緑色の列車に揺られて大師線の終着駅へ

今回の終着駅からの旅は、東武大師線の終着駅、大師前《だいしまえ》駅からだ。この路線、西新井駅から大師前駅まで、一駅。途中駅なし。全長たった1㎞。

着いた大師前駅から、京浜東北線の王子駅まで歩くことにした。直線距離だと約4・3㎞。くねくね歩くだろうから、それよりずいぶん長い距離になるはずだ。

西新井駅に着いたのは午後2時。大師線への乗り換え口に「大師前駅には改札がございません。切符はここで回収になります」と書いてある。ボクはＳｕｉｃａで通ったが、なんか変な気持ちだ。

ホームへ降りて待っていると、深緑色のボディに白いラインの入った2両編成の車両が入ってきた。シブい。ボクが見たことのある都内の電車では、一番シブいかもしれない。実に魅力的。フロント部分なんて「男前」と言っていいんじゃないでしょうか。

西新井駅で乗り込んだ乗客は、ボクを含め10人ぐらい。列車が走り出すと2分足らずで終点の大師前駅到着。実に呆気ないもんだ。

大師前駅のホームは、大きなアーチ型の高い天井を持つ、

塩地蔵。"イボ取り"に効用があるといわれる。塩は雪のようだ。赤のマントをしていては、その部分に塩を塗れない。少し怖いのは顔が塩の塗りすぎでのっぺらぼうになっているからか

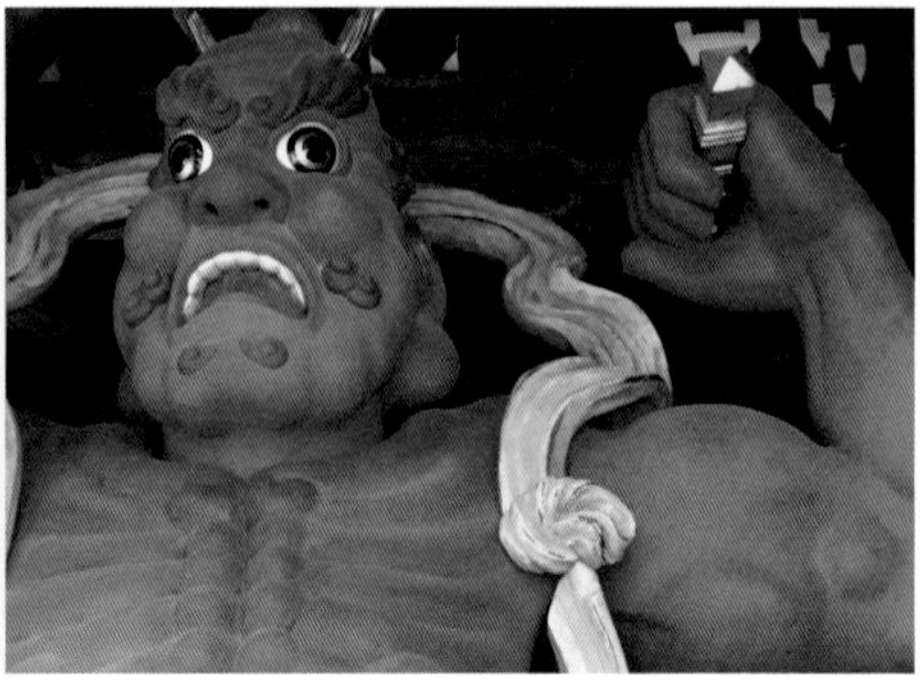

仁王像、下ぶくれで目が真ん丸で、なんともマンガのキャラっぽい。「飛び出せ！　ニオーン」とか

モダンな造り。右側が全面的にガラス張りで、すぐそばに西新井大師の大きな瓦屋根が見えた。

出口に改札的なものはあるが、無人。自動改札もない。ただ、出る。

なんか腑に落ちない。タダ乗りしてきたような気分。

外から見た駅舎の外観は、ちょっとそっけない。絵はホームを描くことにする。

せっかくなので、ホームから見えた西新井大師に寄ることにした。この日は暮れの12月29日だったので、境内では新年の準備の真っ最中。たくさんの屋台が設営中だ。本堂には白・朱・黄・緑・紫のストライプの布がかけられ、早くも初詣ムードが漂っている。

お参りして、おみくじを引いたら「凶」だった。わかっていても「凶」の字は見るとドキッとする。

『願望かなわず・病人あやうし・待ち人来らず・失物出でず・縁談好ましからず・売買利なし・其他よろしからず』。

もう、散々である。笑うしかない。

境内で面白い地蔵を発見。「塩地蔵」。赤のマントを羽織っているが、顔面を除いて、頭にも足にも塩が擦り付けてあり、台座も真っ白だ。こんな地蔵は初めて見た。

山門の両側の仁王像は、顔、とくに瞳がマンガチックでかわいくなっちゃってるけど、仁王的にいいのか。

臨時休業だった「かどや」。看板最高。入りたかった

西新井大師の参道から くねくねと住宅街を歩く

参道には古そうな蕎麦屋などあって、思わず入りたくなる。三が日は物凄い人出になるのだろう。

参道を抜けたところに「かどや」を発見。ところどころペンキが剥がれたトタン看板に、でかでかと書かれた店名が大迫力。「清涼飲料・甘味・軽食」と書いてある。ここで軽食だ！　と思ったら、なんとこの日は正月の準備で臨時休業だった。うーん残念、ここで食べたかった。

煎餅屋は車輪のついたショーケースが超シブイ。奥で焼いていていい匂い

INFO

浅香家

アクセス：大師前駅より徒歩3分
営業時間：9〜18時、不定休

路地は曲がりくねっていて迷いやすそうだ。
配達のクルマは 大変だろう

相当古そうな煎餅屋「浅香家」で煎餅を買う。時代がかったガラスケースの煎餅は2枚105円のと1枚105円のがあった。店のおばちゃんに聞くと、高い方は手焼きだそうで、味違いますか、とマヌケな質問をすると、

「そりゃ全然違いますよ！　備長炭使って1枚1枚焼いてるんだから」

と言われた。すみません。手焼きの醤油煎餅を1枚買う。

　参道を抜けて少し歩くと住宅街に入った。今回は一応スマートフォンのナビを見た。というのも、細い道がくねくねと入り組んでいて、いつものように、勘に頼ってあてずっぽうに歩いたのでは、絶対に迷子になる。

　とはいえ、散歩するには区画整備されたまっすぐの道より、こういう道の方がずっと楽しい。足立区の人々の生活空間を貫いて歩いていく気分。

　バス通りに入ると、正面から西日を受け、眩しい。高架線の駅があり、日暮里《にっぽり》・舎人《とねり》ライナーの江北《こうほく》駅だった。乗ったことがない路線だ。線路、ずいぶん高い。

　バス通りはちょっと退屈なので、裏通りへ入る。昔っぽい小さな寿司屋、ハンコ屋、タバコ屋などがある。さらに歩いていくと、ロケットみたいな煙突が見えた。何だろうと思って回り込んで見ると、銭湯だった。

「江北湯」。午後3時半だが、すでに営業中。寒くなってきたので、ひとつ風呂浴びて、温まることにする。

　すべての湯が軟水ということで、何となく肌にやさしい気がした。天井が高く、浴室に日の光が入り、湯気を照らす。明るいうちの銭湯は最高。若い人はいなくて、じいさん客ばかりが5人ほどいる。

まるでロケットのように先が細くなっている煙突。なんの工場かと思ったら、まさかの銭湯。

湯上り、脱衣場を出たところに、アイスや牛乳を売っていたのだが、その横で生のニンジンや柿も売っている。面白いなぁ、と思ったら、焼きそば、長芋の甘辛煮、キムチ味のいなり寿司まであるじゃないか！　小さなパックだが、それぞれなんと１００円。なんだこの銭湯は。

小腹が減っていたので、お茶と焼きそばを買って、その小さなテーブルで食べる。こんなこと初めてだ。焼きそばは、キャベツと薄切りウインナーが入っていて、最高のオヤツになった。

「キムチ味のいなり寿司」なんてマニアックなものを売っている

INFO

江北湯

アクセス：江北駅より徒歩10分
営業時間：15～23時、金曜定休

荒川の西から、うろこ雲が広がって、頭上を流れて消えていった。雄大な眺め

川を渡って北区へ王子でラーメン屋に入る

ホカホカの体で外に出ると、空には美しいうろこ雲が広がっていた。

道はやがて荒川の土手にぶつかった。階段を上って土手の上に出る。

頭上は、首都高速が複雑に交わるジャンクションだ。だが、荒川の上にはずっと空が広がり、一気に視界がひらけて胸がすくようだ。雲が遠い。西は川向こうのビルの上に金色の夕焼け。

川に沿って南下し、江北橋を渡る。渡って少し行くと、もうひとつ橋があった。川幅は荒川よりずっと狭い。何川だろうと思って歩いていたら「隅田川」と書いてあり驚く。浅草のあたりと川の顔が全然違う。

隅田川を渡ったら住所が北区になった。

5時前に日が暮れ、王子駅前に着いた。

どこかで腰を下ろし、一杯飲もうと思ったが、行ったことのあるすごくいい居酒屋がこれまた定休日。

そのあたりを食べ物屋を探して歩き回り、ラーメン屋「かいらく」にピンときた。近所の人っぽい客で賑わっている。でもなんとか席はありそうだ。

入って席に着き、メニューを見ると、飲み物類はなかった。居酒屋にフラれ、ビールぐらい飲みたかった。

気を取り直して「もやしそば」(700円)を頼む。醤油ラーメンにもやしと豚肉を炒めたのがのっていて、とろみはないタイプだった。グリンピースが3粒のっているところがなんとも微笑ましく、かわいい。

このもやしそばがおいしかったのなんの。少しも尖ってないスープが、胃袋にしみる。麺もツルツルと入っていく。「どうだ、俺のラーメンを食ってみろ！」という最近の売れ組店長のラーメン屋のような「俺の俺の」感が全然ない。店の味を黙って守り続けてきた作り手の、心のこもった一杯だと思った。

食べているお客さんたちの顔を見れば、この〝普通のおいしさの尊さ〟が無言で伝わる。いい店に当たった。

完全に満足して、酒を飲む気も無くなった。おいしさの余韻に浸りつつ、王子駅に向かい、急に思いついて都電荒川線に乗る。

チンチン電車で大塚までごとごと揺られて行き、山手線に乗り換えて帰った。

お腹をすかせて食べた「もやしラーメン」。
すっごくおいしくてツルツルとあっという間にお腹に消えた

INFO

かいらく

アクセス:王子駅より徒歩5分
営業時間:11〜15時、17〜19時
木曜定休

大師前駅MAP

京浜急行電鉄　大師線

小島新田駅

（神奈川県・川崎市）

工場町にたたずむ神奈川最東端の駅

基本的にこんな道を歩いた。天気がいいので散歩気分が楽しい。
大通りは大型車がビュンビュン

小島新田から浜川崎へ5㎞くらいの散歩の始まり

今回は、川崎の京浜電鉄大師線の終点、小島新田駅から歩くことにした。

仕事場で地図を見ていたら、南西5㎞くらいのところに、JR南武線とJR鶴見線の交わる浜川崎駅がある。ネットのマップで調べたら、1時間ちょっとで歩けそうだ。散歩にはちょうどよい。

小島新田駅に着いたのは、午前11時3分。晴天。ピカピカの青空。あたたかい。まさに散歩日和だ。

小島新田の駅は小さい駅で、ホームに降りて、そのまま電車の進行方向に真っ直ぐ歩けば、ゆるい坂を下りて改札。いかにも終着駅っぽい構造だ。

小さい駅だがわりと新しく、こぎれい。切符の自販機を表から隠すように並んだ白木が特徴的だ。他の駅では見たことがないデザイン。

駅の南側には、駅に沿って小さな居酒屋が並んでいる。もちろんこの時間はやっていないが、焼き鳥屋、バー、カラオケ、立飲みなど。なんだか楽しそう。それぞれに常連がいるんだろう。

そのまま線路に沿って、お隣の産業道路駅の手前まで戻ると、駅名そのままの産業道路にぶつかる。これに沿っていけば、浜川崎まで最短の一本道。でもそれはつまらないので、それに沿った裏道を行くことにする。

この辺は新しいマンションも多い。ここに住んで、都内に通勤するのだろうか。いや、やはり川崎や横浜が多いのかな。あまりにも自分と生活圏が違うので、ここの暮らしの想像がつかない。

小さな児童公園があって、その中に神社がある。「出来野《できの》厳島《いつくしま》神社」だった。賽銭箱に1円玉を4個入れて、コロナウイルスの終息を祈る。

近くに高さ1mくらいの小さな社的なものがあり、ぐるっと回って中を覗くと、紙飾りの向こうに二つの石造物が立っている。ところが、これがものすごく抽象的立体物で、何を表しているか全くわからない。もとは観音像とかだったのが海の水で浸食されたようにも見えるが、それにしてもつかみどころがない。しかも、これがなんなのか、全く説明がない。明らかに祀られているのだが。

ココは川崎！　川崎らしくシブイ焼肉店を探し歩く

しばらく住宅街を歩いてから、産業道路の向こう側の裏道に移ってみようと思い、産業道路を歩道橋で渡る。やは

出来野厳島神社の謎のオブジェ。砂岩が海水で浸食されたように見えるが……

公園にあったみつ首水道蛇口。
キングギドラだ。
今の子どもたちはここで水道水をがぶ飲みするか？

り川崎、輸送用大型車が多い。タンクローリーも次々と来る。ボクの住むところや仕事する場所とは、走る車も全然違っている。見てるとちょっとコワイほどだ。

長崎ちゃんぽんの「リンガーハット」がある。朝食べてないので、看板を見ただけで、急にお腹がすいてきた。

また住宅地に入る。駅から遠い場所に、古い鮮魚店やタバコ屋や花屋を見つけると、歴史と生活が感じられ、心が和む。鉄道が敷かれる前の生活圏かもしれない、なんて想像をしてみたりして、ただ歩いているだけで楽しい。

洗濯日和で、物干しも満開だ。今日はきっとよく乾く。

家と家の間に、幅１ｍくらいの鳥居がついた神社がある。毎日手を合わせている人がいるのだろう。小さな「信心」が生活の中にとけ込んでいる。

さっきより少し大きな公園があり、ベンチで日向ぼっこしている老人がいる。鳩もいっぱい。

その公園で、蛇口が３つもある珍しい水道を見つける。飲み水と、手洗いと、バケツなど物を洗うものか。昔はこういう公園の水道で、毎日、水道水をガブガブ飲んだ。今ではちょっと考えられない。子供の頃はミネラルウォーターなんてなくて、飲み水をお店で買うなんて、信じられない話だった。

かなり腹が減ってきた。右に左にジグザグ歩いてきたので、すでに12時を過ぎている。よし、店を探そう。

皐橋水江町線という大きな道路にぶつかる。

そこに「みのり亭」という定食屋があり、ニッカボッカ履いた人が入っていく。昼のサービスで、鯖味噌煮定食や生姜焼き定食がなんと５００円！　単品のおかずもたくさん。入ろうか相当迷う。

ところが通りの向かいの焼肉店「びっくり屋川崎本店」から、強烈な焼肉の匂いがしてきて、そっちに惹かれてしまう。

そうか、ここは川崎、焼肉を食べよう、と思う。でももっとシブい個人店で食べたい。ここは我慢でパス。

道を渡り住宅街をいく。学校がコロナウイルス対策の休校で、ガラーンとしている。

小さな焼肉屋があったが、みな夜から営業開始みたいだ。どこかいい店が開いていないか。

いつの間にか、完全に焼肉腹になってる。焼いた肉と白い飯で頭がいっぱい。それしか食べたくない。こんな状態も、この歳になると珍しい。

商店街を見つけたので、入って流してみたが、目ぼしい店がない。

大島四ツ角という信号があった。少し賑やかになってきたから駅に近づいているのかもしれない。

と思いながら、なおも漠然と歩いていたら「KORIA TOWN」という門があり、門柱に「セメント通り商栄会」とあって驚く。あれ、そんなところに来たのか。

1000円の焼肉を味わい気になっていた甘味屋へ

セメント通りといえば、マンガ『孤独のグルメ』で焼肉を食べた場所だ。今調べたら、そのマンガを描いたのは1995(平成7)年。それ以来来ていないから、実に25年ぶりのセメント通り。

考えてもいなかった展開だ。自分が書いたものに引き寄せられたようで、感慨深い。

だが焼肉店はやはりまだみな準備中。

どこに入ったんだっけなぁ、と、ずーっと歩いて行って、でもそれらしい店が見つからなくて、道が突き当たるところまで行ったら、焼肉店「とうてんかく」がドーンと聳え立っている。ここだ。こんなに大きかったっけ？　大きくなったのか？　営業中である。せっかくだから、ここにするか。いや、ここしかないだろう。

『孤独のグルメ』のマンガのモデルにした焼肉店。
まさか今回の散歩で再会するとは

肉とご飯の量がちょうどよかった。
キャベツの千切りが嬉しい。
韓国海苔は食べないで持ち帰った

INFO

西の屋

アクセス：川崎駅より臨港バス
「四ツ角」下車徒歩5分
営業時間：11〜22時、不定休

しかしあの時は編集者と3人でいたが、今回は一人。リアル孤独のグルメ・井之頭五郎状態だ。

だが、かなり迷った。自分のことが店の人にバレてもなんか面倒くさいし。なんだか緊張しながら食べるのもおいしくないし……。なんて、そんなの自意識過剰なんだろうけど。

結局、とうてんかくはやめて、その向かいにある、同じように大きくて、でももう少しこじんまりした「西の屋」に入ることにする。創業1960年とある。

時間は1時を少し過ぎていた。食べようと思ってから1時間以上フラフラ歩いてて、完全に腹がペコちゃんだ。

店内はガランとして見えたが、席に着いてよく見ると、3組ほどが食べていた。そう、原作の時もこんな雰囲気だった。

ランチのロースセット1000円を注文。出てきたらキムチが付いてなかったので、単品で追加。

一人焼肉は、15年ぶり、二度目。

身も心も完全に焼肉熱望体勢だったので、それはもう、感動的においしかった。

「焼肉と言ったら白い飯だろう」という井之頭五郎を地でいってる。原作者の自分が考えた言葉を、まさになぞって食っているのが、くすぐったいような気分。わしわし食べた。ハフハフ食った。ちょっと前のめり。よく噛め俺。キムチもうまいど。

肉の量がしっかりあり、だけどご飯が少なめ、というのが今やちょうどいい。

ひとりだし、一気に食べ、大満足して、道を戻る。

戻る、というのはここに来る前に「甘藷《かんしょ》一條商店」という気になる甘味屋があったのだ。「大学いも・ふかしいも・自家製アイスクリーム・かき氷・あんみつ」と書いてあった。入って、みつ豆でも食べたい。

店はおばあちゃんが一人でやっていて、石油ストーブがあって、思った通りのシブさ。これはいい。軽く感動。

ところが、みつ豆やアイスは季節外れでやっていなかった。軽く残念。それでお汁粉を頼む。

「お餅二つ入りますけどいいですか?」

と言われたので
「あ、ひとつでいいです」

と言った。おばあちゃんの心遣いにまた軽く感動。

お餅にちゃんと焦げが入っていて、小豆もちゃんと豆の香りがして、心まで温まる。

店先で売っているお菓子を、店内で食べている小学生の男の子がいて、おばあちゃんは、

「お茶飲む? 薄めて出してあげようか」

お汁粉の餅を一個にしてもらったら、50円引きの250円だった。泣ける安さ

「甘藷」とはサツマイモのこと。この店のメインは大学芋とふかし芋

INFO

甘藷 一條商店

アクセス:川崎駅より臨港バス
「四ツ角」下車徒歩3分
営業時間:10〜18時、不定休

JR鶴見線の浜川崎ホームで自撮りしてみる。
好天の昼下がり、電車を待つ時間ものんびりしてて、よい

と言って出していた。やさしすぎ。静かな川崎のひととき。
　まるで短編ヒューマンドキュメンタリー『おばあちゃんの店』(そんなのないけど)を、前知識なく偶然テレビで観てしまった時のように、人知れず泣きそうになってる俺。
　浜川崎はすぐそばだった。南武線と鶴見線、どちらでも帰れるけど、鶴見線で帰った。3両編成に乗客は3人だった。

小島新田駅MAP

京浜急行電鉄　久里浜線

三崎口駅

（神奈川県・三浦市）

終着駅らしい風情の桜舞うホーム

京急線では最前列に座れた。運転士気分のゴキゲンな特等席

春の陽気に誘われて終着駅から終着駅へ

春だから、東京より暖かそうな三浦半島に行こう。半島の先っぽの終着駅は三崎口駅。

あれ、前回と同じ京急電鉄だった。ならばちょっと行き方を変えよう。まず新宿から湘南新宿ラインで逗子まで行き、横須賀線に乗り換えて終着駅久里浜へ。そこで京急久里浜線に乗り換え、めざす終着駅三崎口到着だ。

京急久里浜駅からの下り列車は空いていて、運転士のすぐ後ろの前向きシートに座れた。2シートだけの展望席。通路を挟んだ隣はお父さんと小さな息子だった。

ほぼ運転手目線で、線路がカーブしたりゆるく上り下りするのを見られるのは、いくつになっても楽しい。のどかな春の電車旅。新緑と菜の花がきれい。ときどき海が見える。

三崎口駅で、ホームの一番前に降りたら、いかにも終着駅という風景。車両止めがあって、その先が、車道の下の小さなトンネル。その向こうで線路は終わっている。

柵の向こうに桜が咲いていた。やっぱりこっちは少し開花が早いのか。桜色が濃い花。午後の日差しが眩しい。

改札を出て、三崎口の駅舎の駅名看板を見たら、ちょい

京急線の駅名にはこうした遊びがよくあるそうだ。
巧妙なイタズラ書きのようで、笑う前に驚く

ものすごく立派な大根。
買って帰りたいけどでかすぎて無理

とびっくり。
「三崎口駅」の「口」だけ赤い文字になっていて、その左肩に小さな赤文字で「マグ」と書き加えてある。そしてその下のひらがな駅名が「みさきまぐろえき」になっている。まるでイタズラ書きだ。しかし駅名をここまで遊んでいいの？　こんなことして、京急のエライ人に怒られないんですか？

相模湾越しに富士山が見えた。菜の花に飾られているようだ

国道に点在する三浦大根の直売所にひかれる

さて三崎口では「小網代《こあじろ》の森」に行くことにしていた。知人が毎年行くと言っていたのが忘れられなかったのだ。「浦の川」を中心に、森林、湿地、干潟及び海までが連続して残されている自然公園だという。毎年行くというのだから、なにか魅力があるのだろう。でも行き方以外ほとんど調べないで、来た。あとはなりゆき。

駅から森の入り口まで1・5㎞、徒歩16分の国道26号。道脇に咲く菜の花に心が和む。そしたら、右手に海が見え、その向こうに、雪をかぶった富士山が見えた。

海と富士山は、旅先で出会えると、いつでも元気が出る。地元野菜の直売所があった。ものすごく大きな大根を売っている。太さ15㎝くらい。思わず売っている女性に「おっきいですね。これも三浦大根ですか?」と聞いた。そしたら「そうです。煮物にしても煮崩れしないんですよ」と教えてくれた。ネギも太くて長い。野菜の直売所は、そのあたりだけで何軒もあった。車だったら、絶対買うのだが。さすがに大根持って長時間は歩けない。

「小網代の森↓」という立て看板が現れたので、小道を右に入る。すぐに「ひげ爺の栖」というカフェレストランが現れた。だが混んでいたのでやめ、近くの大きなショッピングセンター「ベイシア三浦店」のカフェで「佐野ラーメン」(390円)を食べた。なんで三浦まで来て、栃木のラーメン。でも昼飯がまだで、小網代の前になにか入れたかったたかったのだ。これが期待以上においしかった。「クランベリーのビネガードリンク」というのも面白いので飲んでみた。マズくはないが、別にどうってことのないものだった。

三崎口まで来て、マグロ丼ではなく佐野ラーメンを食べてしまった昼

INFO

ベイシア三浦店

アクセス:三崎口駅より京急バス「引橋」下車徒歩3分
営業時間:9~22時、元日休み

初めは森っぽい。シダがワイルドでジュラシック

「小網代の森」の中を海に向かって歩く

「小網代の森」は、低い山と山の間を、細い道がずっと海まで続いている公園だった。

道は、ほとんどの部分がウッドデッキになっていて、実に快適で歩きやすい。

最初の急な下り階段以外、手摺もなく、周りの自然に対して開放的で、気持ちがいい。

海に向かって緩やかにずっと下りなので、足が軽やかに進む。ウグイスの鳴き声がして、思わず耳を澄ますと、他にもいろんな鳥が鳴いている。

最初は森の中の道で、両側の斜面にはシダがいっぱい生えている。シダを見ると恐竜を思い出す。大きなシダの林の中を、ステゴザウルスがズンズンわさわさ歩いているのを、小さい頃に見たことがある気がする。太古の記憶。って、映画か。とにかく、あの葉っぱのつき具合、ゼンマイて、巻いた葉先に恐竜心がくすぐられる。

道に沿って、細い川もくねくねと流れている。だんだん木が無くなって、あたりは湿地帯になった。「オギ」と書いてあるススキに似た植物が、黄金色に広がっている。あれ、これを書いていて初めて気がついた。オギって、

だんだん湿地帯に入っていく。
ウッドデッキに手すりがないのが開放的

荻窪、西荻窪のおぎじゃないのか？

調べたら、やっぱりそうでした。オギはイネ科ススキ属の植物。河川敷などの湿地に生える。なるほど、荻窪の窪はきっと湿地だな。そこにオギがこの季節、群生していたんだろう。今は全部住宅地だ。

ツクシもいっぱい生えている。夏はまた全然違う風景なんだろうな。真っ青な空を、トンビがゆったり飛んでいる。本当に自然がそのまんまあるだけ。人工物は足元の木の道だけ。それがいい。

そして、干潟まで約1時間。なにか特別珍しいものがあるでもなく、小網代湾に着いた。

海岸にはアカテガニがいっぱいいて、独特のダンスをするらしく、その絵が描いてある。だけどまだ寒くて1匹もいない。カニダンス見たかった。

小さな砂浜もあり、柔らかな波の音が耳に心地いい。向こう岸には、小さな漁港も見えた。

来た道を戻らずに、そのまま公園を抜け帰ることにした。公園を抜けたところにあった白髭神社に、一応お参りする。今日も最後まで安全に歩けますように。

地図があったので、それを見て湾に沿って進み、バス通りに向かう。途中、いい感じのカフェがあったが、どうやら今日は休みのようだ。

カフェをジロジロ見ていたら、隣の船宿の人が、声をかけてくれた。去年の台風で公園の中の木が倒れ、公園もつい最近まで休園していたのだと教えてくれた。それでカフェもやってないのか。

ボクが今日のんびり公園を歩いたのは、ラッキーだったのかもしれない。

というか、公園に行って今日は入れるかどうかなんてことこそ、事前にネットで確認すべきですね。仕事なんだから。はーい。って、小学校からそういうところがヌケてていつも注意されてきた気がする。

夕方になりバスに乗るものの気になる食堂を発見!

「シーボニア入口」というバス停で、10分ほど三崎口行きのバスを待つ。ここは油壺にも近いようだ。17時少し過ぎ。心地よい疲れ。

バスに乗って座って、すぐに車窓からシブい一軒家の食堂が見えた。「山崎屋食堂」。ピンと来て、降車ボタンを押す。乗って2つ目の停留所で、もう降りた男。

バスの窓から店構えを見て、
咄嗟に降車ボタンを押した

INFO

山崎屋食堂

アクセス:三崎口駅より京急バス
「油壺入口」下車徒歩1分
営業時間:11〜14時、月曜定休

暖簾をくぐって入ると、カウンター5席と小上がりのテーブルが2卓の小さな店。かなり、好み。

カウンターに着き、ビールを頼む。お通しに、おいしい野菜の煮物が出た。だが、おいしいけどなんの野菜かわからない。ウリのような……。「あっ」と思って、店主に「これは、三浦大根ですか?」と聞くと「そうです」とにっこりした。直売所の人が「煮ても煮崩れしない」と言ってた意味が、今実感を伴ってハッキリわかった。味がしみているのに、歯ごたえがしっかり残っている。こんな大根食べたの初めて。ものすごくおいしい。

餃子を頼んだら、皮が透けて中が緑色。なんの緑ですか?と聞いたらニラとキャベツだという。もちろん地元の野菜。「親戚に農家がいて、持ってきてくれるの」と笑った。これまたおいしい。

さらに「鯖の文化干し」を単品でもらう。脂がのっていて、最高。しかも大根おろしがタップリ。煮物の大根とは種類が違うそうだ。醤油をピッとたらして、熱い鯖にのっけて頬張ったら、もう最高でございました。

テレビでは大相撲の無観客中継をやっている。時間が少し早いせいか、店にもボクの他に客はいず、店主と相撲を見て二言三言交わしながら、もう1本ビールを飲む。しみじみと旅情あふれるひと時。

上／大根の煮物に驚愕。初めての歯応え。かたいのに味が染み込んでいてうま過ぎ
下／鯖の文化干しも脂がのっていて最高だが、そこに添えられた大根おろしが、これまたおいしい

三浦野菜がたっぷり入った焼きそば。自家製紅生姜が絶品！

　観光客相手の店で三崎口のマグロを食うより、こういう地元店でこんなものが食べたかったのだ。
　結びの一番の頃は、外がすっかり暗くなっていた。
　シメに焼きそばをもらう。ここにも三浦野菜がタップリだったが、驚いたのは、上にちょこんとのった自家製という紅生姜。何がどう違うのか、とにかく絶品。それだけで焼きそば全体が輝くようだった。
　三崎口に戻るバスでは、座れたので、ビールの酔いもあって、たちまちウトウトと船を漕いでいた。

三崎口駅MAP

JR五日市線

武蔵五日市駅

（東京都・あきるの市）

威風堂々、だけど温もりも残る新駅舎

秋川渓谷方面に向かう檜原街道。新旧いい店がたくさん連なる

都内の移動だけでやってきた JR五日市線の終着駅

新型コロナの影響で、旅を自粛、終着駅も東京都内にした。五日市線の武蔵五日市駅。

この駅には、若い頃から何度も降りている。秋川渓谷でバーベキュー、払沢《ほっさわ》の滝、瀬尾の湯など。でも今回は、駅前を散歩して、秋川の支流、盆堀《ぼんぼり》川に沿って歩いてみよう。

地図を見ていると、結構川を上って行った先に「レストランメリダ」というのがポツンと一軒ある。立地と名前が気になるので、とりあえず、そこを目指す。

武蔵五日市駅舎は、２０１６(平成28)年にリニューアルされ、構内の天井や柱がきれいな板張りになっていて、個性的で温かみもある。ウチの駅もこんなんだったらな。

しかも、線路が高架なので、駅舎の外観は背が高く立派で、新しいこともあって凛々しく見えた。

「武蔵五日市駅」という木製駅名看板があまりにも堂々としていて、駅というより、道場のようだ。

駅前の檜原《ひのはら》街道を西へ。歩道も広く道沿いに店が並ぶ。すぐにいい雰囲気の手打ち蕎麦屋があり、早くも引っかかりそうになる。もう11時で、店が開いているのだ。

並びには「昔ながら〜めん」の店。店名がゆるすぎて麺のコシが心配だが、串焼きや煮込みもあるようで、ちょいとそそられる。

と思ったら、古民家を改造したようなオシャレな小さなイタリアン。新しい店のようだが、絶対ウマそうな雰囲気ビンビン。帰りはワイン飲むか。

路地に「手打ち」とか一切書いてないが、かなり古そうなシブい蕎麦屋もあり、激しく惹かれる。

住まいの改造リフォーム店には、切り出しの魅力的な板材が並び、DIYオヤジなら、ヨダレをたらしそうだ。夢の別荘、アトリエ、隠れ家に。

秋川にかかる沢戸橋から。水が美しい。釣り人がひとり。何が釣れるのか

大日影通りは日影だが緩い上り坂続きで、いつの間にか汗びっしょり

自家製のニジマス甘露煮や、アユの干物を売ってる店もある。覗くと、ウマそう。帰りに買うか。

珈琲豆自家焙煎処カフェ「オトノコーヒー」。マニアックそう。凝り性なオヤジがやってるのか？

自家製麺の店は、さまざまな乾麺を売っていて、隣に食堂も併設されている。そこで食えるのか。

いろんな味の「五日市ほうとう」を食べさせる店まで現れた。そんなのがあるのか。

おいおい、武蔵五日市駅前、気になる店入ってみたい店、ありまくり。バスでは見過ごしていた。

もう、今回の旅散歩は駅前だけでいいんじゃないか？

途中で見かけたリフォームの店。
いい木がたくさん。さすが木材の街、五日市

と、ここで小中野の信号。これを左か。「黒茶屋」という、秋川を望む木々に囲まれたかっこよさげな店がある。

でもここはパスだな。若い人たちに任せます。デートのお立ち寄りに、よろしいんじゃないでしょうか。「わ、エモーい」とかって。

そして秋川にかかる、沢戸橋という大きな橋を渡る。見下ろすと、が目にしみるように澄んでいる。ひとりで釣りをしている人が見えた。

ここから盆堀川沿いの道になる。車道だが、クルマがすれ違えなさそうな狭い場所がある。でも、時々トラックなども通る。人は歩いていない。

曇っているが、ずっとなだらかな上り坂で、いつの間にかTシャツにかなり汗をかいている。駅でミネラルウォーターを買ってきてよかった。

アジサイや知らない花が咲いていて、モンシロチョウを少し大きくしたような白い蝶がヒラヒラ飛んでいる。

いつの間にか、たくさんの鳥が鳴いている。暑い。

山を登るように歩いて西洋風レストランへ

山の中に入ってきた。

「工房木楽庵」というのがあった。門の周りに切り株とかがいっぱい置いてある。建屋の中から木を切る機械の音がした。やっぱり五日市、木の街だ。

道の右手の盆堀川は、水量の少ない細い川だ。でもやはり澄んでいる。

大日影通りと書いてある。確かに杉の木の中の日陰道になった。

とたんに、気持ちいい冷気が左手から流れてきた。見ると路肩の斜面に、細い水の流れ落ちるところがある。天然の冷房。思わず立ち止まる。救われたような気持ち。涼しい。昔の人はこんな時、落ちる水に向かって手を合わせたんではないか。

また少し歩くと、クルマが停まっていて、横にオヤジがボーッと立ってスマホを見ている。こんなところで何してるんだ。

近くに行ったら、土手の細いパイプから水が出ていて、彼はそれをポリタンクに溜めているのだった。

「水ちゃり」と立て札があった。「何百年と絶えず水が出ています」と書いてある。へぇ、何百年……。

沢はいつの間にか随分下になっていて、狭いながらも渓流の様を呈している。

歩き始めて1時間ちょっとで目標地点「レストランメリダ」が眼前に現れた。

樹々に囲まれた西洋風一軒家。

しかし店主はいったいなぜ、こんな山の奥まったところにレストランを建てたのか。

高級レストランより、町の蕎麦屋の方が居心地いい男としては、ちょっと迷ったが、入ってみることにした。

汗をかいたし、少し座りたかった。

先客は、主婦層のグループが二組。それぞれ7～8人。表に並んでいた乗用車で来たのだろう。

店内は広く、段差のある部屋が三つあった。奥の二つにはご婦人たちがいたので、入り口近くの卓に着く。

メニューを見ると、すべてコースみたいで、パエリア中心でどれもボリュームがありそう。やはりそういう店か。

御婦人方は、注文にすごく時間がかかっていて、店の人はおっとり対応していた。この店に来たら、注文も楽しんでいるのだろう。

だが、それを見ていて「これはまともに頼んで食べていたら、最低2時間はかかるぞ」と思い、アイスコーヒーだけにした。

内装はシックで、気取りもなく、居心地いい。

だが、おばちゃんたちのとめどないおしゃべりは、人里離れた山中とは思えない。

「メリダ」の由来はなんだろう。
ワイン付きでゆっくりしたい店だ

INFO

レストラン メリダ

アクセス：武蔵五日市駅より車10分または
西東京バス「沢戸橋」下車徒歩20分
営業時間：11時30分～14時、月・火曜定休

店は夫婦二人でやってるようだ。三毛猫が、窓の外でのんびり寝転んだりしている。もちろんこの家の猫だろう。

飲み物だけ飲んで店を出ると、向かいに小宮神社というのがあった。メリダに入るときは気がつかなかった。

石段を登ると、社の前に杉の巨木がズドーンと4本立ちはだかっている。参拝に邪魔なほどなのが、常識外れでかっこよく思えた。

この杉たちの前に来て「邪魔だなあ」なんて思って、木をよけて、その裏手の神様とやらに、何やら願い事をごにょごにょ唱えてる両手を擦り合わせてる人間なぞ、なんとちっぽけで寿命の短い生き物なんだろう。あの両手スリスリ、杉から見たら、ハエだ。

この巨木たちに会えただけでも、ここまで来てよかった。

駅のまわりに戻り食事をはしご

帰りの道は下りで、鳥の声を聴きながら、足取り軽く戻ってきた。汗ひとつかかない。

そして例の、説明ひとつないシブ蕎麦屋に入った。

予想通り、古い町蕎麦屋。ＢＧＭ無し。客は一人だけ。その客がもり蕎麦を啜る音だけが、店内に響き渡ってる。あっという間に食い終わって出ていった。近所なんだろう。

鳥居と社の間に、参拝を妨げるような4本の杉巨木がそびえる

時が止まったように静かな町の蕎麦屋

丼がかわいい。肉は豚バラだ

INFO

金巴楼

アクセス：武蔵五日市駅より徒歩15分

ボクはラーメンを頼む。メニューは多く「八宝丼」まである。店員は、つるはげのおじいちゃんと、白髪と髭のおっちゃん。

静かなので、おじいちゃんが厨房でめっちゃ怒られてる声が聞こえてくる。

「わかんない？」

「もういいだろ？」

「こんな……こーんなに？」

「チッ、タレ、甘いな」

「他のもん全部入れて！ラーメンすぐできるんだから」

「これ、洗ったの？」

「……んにゃ」。

最後の「んにゃ」だけがおじいちゃん。

人が怒られてるのに、なぜか嫌な感じがせず、おかしくてたまらない。寅さんのワンシーンのようだ。

おじいちゃんが持ってきたラーメンは、コンパクトで、チャーシューが豚バラだった。でも、そこが子供の頃友だちんちで出されたおやつラーメンみたいでオイシイ。

というか、もっと正直に言うと、おいしいというより面白い。爆音高速もり蕎麦啜り男から、怒られおじいちゃんを含めて、静かな喜劇。知らないでこんな蕎麦屋に入ってしまい、こんなラーメン食べることになっちゃってる現実、

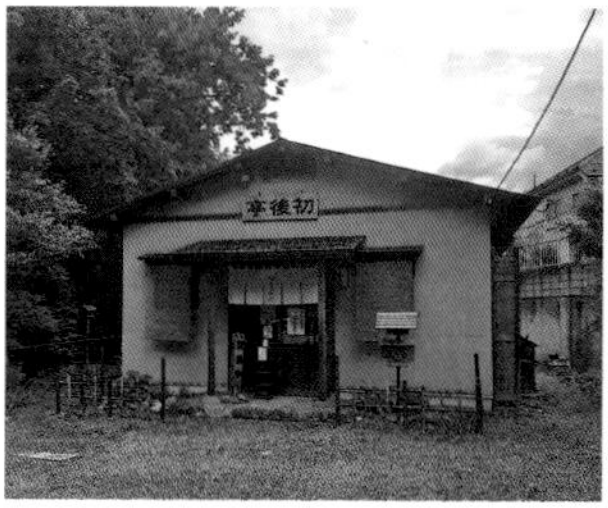

駅近なのに、孤独的魅力のある店構え

「初後亭」でいただいた「引きずり出しうどん」。
自家製プリンや漬物もうまい

INFO

初後亭

アクセス:武蔵五日市駅より徒歩5分
営業時間:11〜15時、水・木曜定休

現象、状態が、面白すぎる。

ああ楽しかった。こんな店に入って、グルメサイトとかに味の文句をツベコベ書き込んでる奴は、自分がハエなことに気がついていない。

それから、駅の東側を少し行ったところの「初後亭」に向かう。ラーメンが軽かったので、珍しく飲食店のハシゴ。自家栽培粉100%の手打ちとある、うどん・蕎麦屋だ。

駅近なのに、なぜか孤独感ある風情に惹かれて入る。「引きずり出しうどん」という魅力的な名前の一品を食す。

土鍋の茹で汁にうどんが泳いでいて、人参、キャベツ、のらぼう菜がのっている。取り皿におかかを一掴み入れ、醤油を垂らし、うどんをつけてたぐりこむ一品。これが、うまくて驚いた。食べたことのない麺。大当たりだった。

武蔵五日市駅MAP

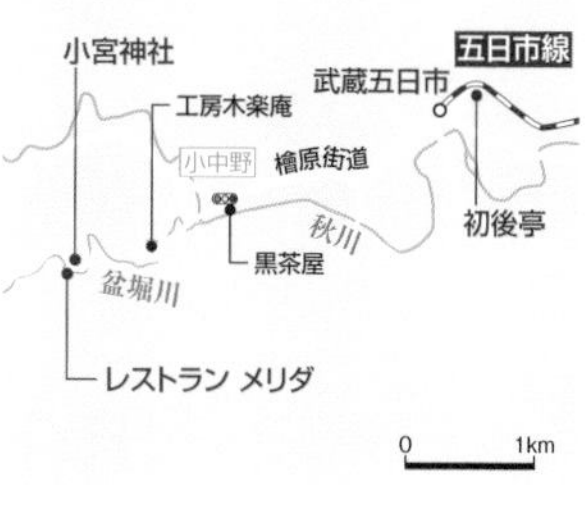

秩父鉄道　秩父本線

三峰口駅

（埼玉県・秩父市）

瓦屋根と水色の柱がレトロかわいい駅

最近乗った列車でダントツに未来型だったLaview

窓が下にも広く、眺めが新鮮。
レモン色の座席も快適

特急「Ｌａｖｉｅｗ」と秩父鉄道で三峰口へと向かう

秩父鉄道の終着駅、三峰口駅に行った。

初めて乗った西武鉄道の特急「Ｌａｖｉｅｗ《ラビュー》」、窓が大きく、座った時の車窓風景が下方に広くて新鮮。座席もレモンイエローが目新しく、座り心地も快適。これはいい。東京近郊では、小田急ロマンスカーのＧＳＥ以来の「同じ特急ならこっちに乗りたい」新車両だ。

続く秩父鉄道は、逆に素朴な単線で、これはまた味わいある。車窓に木々が迫る中、右に左にカーブして、鉄橋を渡る。運転席の後ろに立って、子供のように楽しんだ。

終着駅の三峰口駅舎は、いかにも昔の地方駅っぽい木造瓦屋根で、木下恵介の映画に出てきそう。

ホームの柱もレトロな水色のペンキで塗られていて、屋根がゆるいＭ型。明かりとりの天窓がホームに自然光を落としている。

今は季節柄か、風鈴がたくさん吊るされていて、涼しくやさしい音がする。ときたますっごくいい風が通り抜け、風鈴が一斉にさざめくのもいい。

改札の人が立つボックスみたいなとこ、あそこも木製で、それに気づくと、あーこりゃたまらん、となる。

構内に「関東の駅百選」に認定とあったが、さもありなん。この駅は長くいるほど好きになる。素朴で絵になる駅だ。って、今回思わず絵に描いたが。

前夜調べたら、駅の近くに「秩父ジオグラビティパーク」というのがあり、渓流の吊り橋を渡ったりする、アスレチック的なのがあるようだ。まずはそこに行こう。

秩父鉄道では一番前に張り付いていた。風景が飽きない。楽しい

いい風が吹き抜ける三峰口駅構内。柱屋根改札、木製でタマラン

駅から歩いて約10分。途中大きな橋があり渡っていると、下流のほうにに細ーくて長ーい吊り橋的なものが見えた。まさか、あれ？　渓谷を渡ってるが、物凄く高い。想像より全然危なっかしい。ビビる。軽く命がけレベルに見える。あそこを渡るのか？　これから俺が？

パークというのだから、公園的なくくりがあって、その中に吊り橋なども含めたいろんなアトラクションや飲食店や土産屋あるのかと思っていたら、全然違った。

吊り橋と、その横をロープにぶら下がってビューッと行くやつと、バンジージャンプ的なの、その三つが一箇所に固まってあるだけで、「ようこそ秩父ジオグラビティパークです！」という入口や横断幕や囲いがあるわけではない。ぼんやり「まあ、この三つのまわりが、そこですわ」という施設でした。

いや、それもゆるくていいんですが。

ボクはぶら下がってビューッと行って、吊り橋で戻ってくるセットにした。

そういうの、実は初体験。ボディハーネスというのを着て、ロープに滑車でぶら下がる。そのまま川の上を結構なスピードで渡るのである。

一本のロープに滑車でぶら下がって渓谷を渡る

写真ではわかりにくいが、
右側に一本のロープ、左側が吊り橋

INFO

秩父ジオグラビティパーク

アクセス：三峰口駅より徒歩10分
営業時間：季節により変動

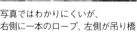

帰りは歩いて渡る。帰ってから、この写真を見たらゾッとした。命綱があるせいか、意外に怖くない

スタート台、めっちゃ高い！　そして、川の向こうまではすごく遠い！　長さ100m、高さ60mという。さすがにちょっと緊張した。平日のせいか、並んでる客は誰もいない。すぐできる。

でも躊躇するのも、係員さんの手前、恥ずかしいので、ボディハーネスつけて、すぐ発進。

「うわぁ」と思わずおっさん的奇声を発して飛び出したが、始まれば一気。ぐんぐん加速して渓谷の上空を渡る。スピードは、今思えばそんなに速くない。今思えば風景を楽しめる速度。今思えば揺れもなく心地よかった。「今思えば」ばかりなのは。やはり緊張していて、風切る速さだの緑あふれる景観だの渓谷の高さだのを楽しむ余裕はなかった。でも、すぐもう一度やりたいと思った。怖くはなかった。本当です。

帰りの吊り橋歩きは、命綱が付いて、両手に掴まるロープがあるものの、踏み板の幅が意外に広くて、スリルある。でもこれは時間がかかるぶん、ちょっとずつ慣れ、風景も高さも存分に味わえた。怖くはない。仕事場に帰ってから、足元を撮った写真をパソコンのモニターで見た時の方が、ずっと怖かった。

バンジージャンプみたいなのは、座った形で、ペアでもできる「キャニオンスイング」。これは人がやってるのを見て、無理、ありゃ怖過ぎ！　と思ってパス。

終わったらどっと疲れていた。今日の取材の7割を終えたような達成感と疲労感だった。あとは流しでいい。

駅から車道の山道を登る とにかく酷暑がこたえる

ふりだしに戻り、駅前のシブい食事処「松葉亭」で昼。とろろそばを食べた。平打ちで庶民的田舎的なおいしい蕎麦だった。気持ちが落ち着く。

店にあった地図を見て、散歩の計画を練り直し。竜門の滝、というのがよさそうだが、徒歩2時間ぐらいかかりそう。この猛暑ではキツイ。もっと近くに、白滝という小さな滝を発見。そこまで散歩してから、「いのしか亭」というジビエ料理の店までバスで行くことにする。

ところが、勇んで歩き始めたら、車道歩きが、猛烈に暑い。あっという間に汗びっしょり。車もビュンビュン走ってて怖い。水も飲み干した。山道で自販機は無い。辛い。30分ほど歩いて、ようやく白滝に着いたら、何やら工事中で、滝まで行けない！　えー！　滝の飛沫を浴び、冷水に足をつけて休むのを夢見て、炎天下を歩いたのに。

仕方なく引き返す。バス停で時刻表を見たら、次は1時間後。うそー。


たまたま近くに小さなローカル郵便局があった。あそこでタクシーを呼ぼう。都会の大人の、甘い考え。

入って暇そうな窓口の人に話すと、親切にタクシー会社に電話をかけてくれた。ところが、車がここに来るまで30分はかかると言う。局の人がみんな出てきて、30分あれば歩いてもいのしか亭に着きますよと笑う。意を決して歩くことにするが「この辺に自販機ありますか？」と聞く。熱射病が心配だった。

そしたら局長さんが「あの、もしかしたらクスミさんですか？」と言う。「え」と驚いてたら、いつもドラマを見ていると言う。そして奥から小さな缶の冷たいカボスジュースを出してくれた。

その場でカリッと蓋を開けて飲む。その冷たさ、甘さ、酸味、粒々の口当たり！　飲む端から全身に染み渡っていく。今思い出すと、この日のご馳走の頂点。感動感激感謝、夢中の一気飲みだった。局長さんありがとう！

この一本で、本当に元気が蘇った。「いのしか亭」へ出発。ジリジリと酷暑がコタえ始めた約20分後、店の看板発見。たしかに思ったより近かった。坂に向かって矢印が出ているので、道を折れて登り始めたら、そこからが長い！　すぐそこと思ってると、曲がっても坂、曲がっても坂。やっと平地に出たら、遠くに小さく店が見えた。

右／いのしか亭の猪豚生姜焼き。噛みごたえと味付けがバツグンだ
下／いのしか亭の女将。駅まで自らの運転で送ってくれた。猛暑の折、助かったぁ！

INFO

いのしか亭

アクセス：三峰口駅より徒歩20分または車5分
営業時間：10時30分～16時、火曜定休

ようやくたどり着いた「いのしか亭」でジビエを

お店は立派な木造平家の一軒家。玄関を上がると広い和室に冷房が効いてて、生き返る。

とにかくまずビールを頼み、一番人気の「猪豚生姜焼き定食」（1500円）を食べた。猪豚肉、適度な噛みごたえと味付けが、白いご飯にめちゃくちゃ合う。臭みやクセは無く、脂も少ない。味噌汁もおいしくて、モリモリいける。「鹿肉生姜焼き」や「鹿ドック」も気になった。このポツンと一軒ジビエ、不思議な店だ。

食べ終わって店の女将さんと話をしていて、ここまで歩いてきたことを言うと「それは遠い道、暑かったでしょう！」と、なんと駅まで自分の車で送ってくれた！

ここといい、郵便局といい、旅先の親切が胸にしみる。

三峰口駅前の「柴崎製菓」で草餅を買い食い。おばあちゃんが毎朝5時に起きて作っていると、「いのしか亭」で聞いたのだ。餡の塩加減が抜群で、餅もしっかりで、噛むと香りが広がる。無添加なので今日中に食べて、と言われた。でも、いのしか亭のお女将さんは、「翌日固くなったら焼いても食べられる」と言っていた。そんな店同士のローカルな繋がりも、いいじゃないか。

駅前・柴崎製菓のお母さん。
名物の草餅がおいしい！
いつまでもお元気で

INFO

柴崎製菓

アクセス：三峰口駅より徒歩1分
営業時間：不定休

さて、西武秩父に戻ったところで、駅に隣接する「祭の湯」に入る。新しくてきれいで大きな温泉施設だった。食事処もあるし、寝転がれる畳休息室もある。お風呂部分はほとんどが露天で様々な風呂がある。この日はわりと空いていて、広いお風呂に空を見てゆったり浸かれた。「あー」と声が出る。

たっぷり歩いた後、駅の隣で温泉に入って、全部着替えて少し休憩して、涼しい特急に乗ってウトウトと帰れるなんて、サイコー！

秩父、意外にも近かった。古い街も探索したいし、今度は鄙びた温泉宿にでも一泊して歩き回りたい。

三峰口駅MAP

東武鉄道　宇都宮線

東武宇都宮駅

（栃木県・宇都宮市）

大谷石が美しい終着駅手前の駅

南宇都宮駅から、市場をめざして高架下をくぐる。大谷石塀の民家が多い

南宇都宮駅から宇都宮中央卸売市場へ

今回は、東武宇都宮駅に決めた。東武宇都宮線の終着駅。調べたらJR宇都宮駅から、徒歩23分。よし、宇都宮の街中散歩だ。

東武宇都宮駅は、2019(令和元)年6月から、発車メロディが、地元出身のミュージシャン・渡辺貞夫の「カリフォルニア・シャワー」になった。ボクが大学1年の時の大ヒット曲。懐かしい。それがなぜ今頃。

しかし、駅舎自体は東武百貨店のビルに組み込まれていて、絵に描くには味気ない。そこで、各停でひと駅戻って「南宇都宮駅」を描くことにした。この駅舎は、小さいながら、宇都宮特産の大谷石でできているらしい。ネットで画像の粗い写真を見て決めた。

当日、その南宇都宮駅に行ってみると、駅舎は最近新しくなったのか、画像で見たより、ずっときれいだった。これはいい感じ。絵にしたい。

大谷石造りの壁がシック。トルコブルーの屋根瓦が美しく、窓や引き戸も木製でクラシカルなデザイン。駅名も、写真で見た看板ではなくなり、路面に立てられた石柱に書かれている。小作りながらステキな駅だ。

さてここから歩き出し。線路に沿った細い道を東武宇都宮駅方面に向かう。

秋日和のいい天気だ。民家の塀も大谷石が多いのに気付く。前に宇都宮郊外にある大谷石採掘場跡を見学に行ったことがある。驚くべき巨大な地下空間だった。今日は時間がないが、久しぶりに行ってみたい。

スマホのマップを見ながら、住宅地の道を、宇都宮中央卸売市場を目指す。ここの場内にある「角常食堂」で、昼飯を食べようと決めていた。

着くと、思ったより大きな市場だった。食堂はこのどこに。入り口で警備員さんに聞くと、親切に店の場所を教えてくれた。

市場の取引というのか営業というのか、それはもうほとんど終わっているようで、場内はガランとしている。その奥に食堂はあった。

外にショーケースがあり、メニューが張り出され「豊富なバリエーションとスピードの角常」と書いてある。「スピード」というのがいかにも市場らしくて嬉しくなる。和中麺類、丼物、和洋定食、カレーとたしかに豊富な品ぞろえ。

入ると席はL字カウンターになっていて、市場で働いているであろう男たちが、黙々と食べている。その「黙々」にもスピードとパワーを感じた。

市場食堂「角常」のラーメン。毎日でも食べられる味

ラーメンとセットのミニ鉄火丼。正直、驚いた。とんでもなくおいしい

INFO

角常食堂

アクセス：宇都宮駅より徒歩20分
営業時間：7時30分～13時、水・日曜祝定休

町のセンター街・オリオン通り。高いアーケードが開放的

ボクは「ラーメン＋ミニ鉄火丼」（９００円）を頼んだ。厨房の人々の動きがテキパキしていて市場スピードだ。

やがて、ラーメンが登場。丼が大ぶり。

スープを一口啜って、飲み込んで「あぁ」と声が出る。これは毎日食べられるラーメンだ。脂、味、１㎜も過ぎることなく、ジャスト。ちょうどいい。しかしこのスープ、なんておいしいんだろう。そしてスルスルと入っていく麺。市場に名ラーメンあり、とあらためて思う。

しかし驚くのは早かった。

ミニ鉄火丼だ。正直、期待していなかった。エンジ色の赤身、あるいはヅケ丼くらいに思っていた。

そしたら、妙に桃色の丼。ふーんとまだ疑っていた。切り身を醤油につけて丼に戻してハグリと飯ごと口に入れて、もぐもぐした途端、驚愕、目を剥いた。

こんなにうまい鉄火丼を食べたことがない。大袈裟ではなく。口の中のマグロの香りが全然違う。脂も端正、味爽やか。刻み海苔を散らした酢飯がまた、絶妙。

驚いた勢いでバクバク食べ進み、またたく間に完食、うーんと唸った。こんな鉄火丼が、作り置きのカボチャ煮みたいにヒョイと出され、みんな眉ひとつ動かすことなく、かき込んでいる。恐れ入った。

歩いて探して入ってみた小さな店の焼きそばに感動

満腹満足の心とからだで、宇都宮城址公園に向かった。腹ごなし散歩だ。

行ってみたら、思ったより小さな公園だったが、コの字型の大きな石垣に登って、その上を歩くと、視界がパーッと広がった。「清明台」からは宇都宮市街が一望だ。

そこでしばし休んで、宇都宮中心街のオリオン通りを目指す。歌にも歌われた、陽光を通すアーケード。

昼間からやっている居酒屋もある。オープンエアーで、アーケード内までテーブルと椅子が張り出されている。もう飲んでる人々がいる。

アーケード内を歩き回り、隣接した宇都宮二荒山《ふたあらやま》神社に立ち寄る。そびえるような階段を上った高台にある。

上ってお参りして、すぐ降り、街中を流れる釜川という細い川沿いを歩く。

散歩コース的に整備された部分もあり、若者がやっているユニークな店もポツポツある。

「シャンベルタン」という古いシュークリーム専門店で、シュークリームを1個買って、川沿いに座って食べる。濃厚なカスタード。オーソドックスな味が年配者には嬉しい。

宇都宮城址公園。エアポケットのような空間。石垣の上が回廊のように歩ける

宇都宮ならではの、珍しい大谷石造りの教会

さて、宇都宮は餃子で有名だが、焼きそば専門店もたくさんある。ボクはソース焼きそばが大好きなので、これを食べるのを今日は一番の楽しみにしていた。

市場の食堂は、思わぬ番狂わせだったのだ。

音楽仲間に教えてもらっていた「石田屋」という地元有名店に向かったら、なんと臨時休業！

ショックを受け、オリオン通り周辺を滅茶苦茶に歩く。

大谷石でできた珍しい教会「カトリック松が峰教会」があったり、古い映画館があった。広い街だ。

開き始めた焼き鳥屋に飛び込みたい衝動に何度も耐え、ついに「ここは！」という、焼きそば屋を発見。

屋号、無し。小さい。古そう。低い間口。暖簾の文字が「やきそ」の3文字。「ば」の字は消えている。だが間違いなく昔ながらの焼きそば屋だろう。入る。

飾り気ゼロの簡素な店内。デコラ貼りの古いテーブル、丸椅子。ただ焼きそばが食べたい俺には文句の付けようがない。笑いがこみ上げてくる。壁に手書きメニュー。

大300　空腹男
並250
少200　幼児

「空腹男」。そんな男、聞いたことがない。空腹女はダメみたいだ。

「小」でなくて「少」。幼児しかダメ。

メニューはそれだけ。「円」も書いてない。「焼きそば」という単語すらどこにもない。

ビールだなんだ、そんな飲み物は、影すら見えぬ。そして、水はセルフで紙コップ。

極限まで削ぎ落とした焼きそば屋。

たまらん。並を注文。250円は、安すぎる。

テーブルの上には「初めての方へ」という注意書きがあった。

1、具はキャベツのみ。不要なら伝えます。
2、料金を用意して待ちます。
3、ソースは味見をしてから。

「伝えます」「待ちます」がたまらない。ニヤケながらうなずき拝読。急いで財布を出し、百円玉2個と五〇円玉を卓上に並べる。

出てきた焼きそばは、予想外の形状だったが、俺の期待を裏切らない姿、面構え。

ソースで黒々とした太い麺。そこに絡む大きなざく切り

上／ソース焼きそば好きのハートを鷲掴みにした一品

右／屋号の無い焼きそば店。この佇まいにグッときた

INFO

やきそば安藤

アクセス：東武宇都宮駅より徒歩5分
営業時間：12～18時、水曜定休

のキャベツ。ただそれだけが皿にのっている。

　食べた。歯ごたえ硬く、とても啜れない。割り箸で口にたぐり込んで噛む。ウマイ！　酸っぱいソース味が麺に絡み、キャベツの甘みとシャキシャキ感と口の中で一体になると、未体験だが親しみある旨さに、俺の舌と歯と上顎が、喜びで打ち震えた。肉なんて全然いらない。どんどん箸がすすむ。

アーケードに張り出したテーブルで、雑踏を眺めて飲む

INFO

みそだれやきとり かんちゃん

アクセス：東武宇都宮駅より徒歩5分
営業時間：17〜23時、月曜定休

　息もつかず一気に完食。宇都宮に来てよかった、と心から思った時間だった。

　あとはどこかで、この祝杯をあげて帰ろう。

　オリオン通りの居酒屋「かんちゃん」の張り出しテーブルに着いて、瓶ビールをもらう。赤星の大瓶が嬉しい。お通しが、コンパクトなおでん。気が利いてる。店の感じのいいお姉さんに、顔バレしてしまった。ここに飲みにきてるうちに店員になってしまったという地元っ子だった。

　オススメのもつ焼き「特シロ」に味噌だれをつけていただく。ビールに最高の友だ。

　道ゆく人たちを眺め、今日を振り返り、ゆっくり飲んだ。

東武宇都宮駅MAP

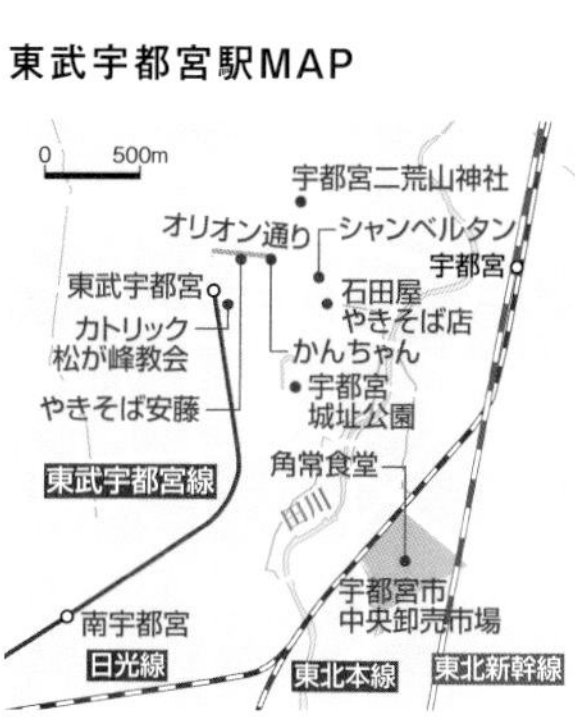

伊豆箱根鉄道　大雄山線

大雄山駅

（神奈川県・南足柄市）

どこか懐かしくかわいらしい門前駅

本当はこの列車に乗りたかった。黄色い運行板もなんだか楽しくなる

初めて知って初めて乗った
小田原発の大雄山線

ボクはこの大雄山《だいゆうざん》線、正式名称を伊豆箱根鉄道大雄山線という路線を、今まで知らなかった。

小田原には何度となく行っているのに、小田原駅からそんな鉄路が始まっていたとは。しかも全長9・6㎞と、短い。ちょいとお試し乗り感覚で、全線制覇できる。

家の近所に、思いがけずイイ喫茶店を見つけたような気持ち。

ロマンスカーで快適に小田原へ到着したのは午前11時過ぎ。探したホームに待っていたのは、小さめな銀色の車体にブルーのラインが入った3両編成だった。ほぉ、こんな。

乗り込んで発車を待っていたら、次の電車が反対側のホームに入ってきた。これがクリーム色とシブい赤の、レトロかわいい車両。そっちに乗りたかったなぁ、なんて。この歳になって、乗り鉄の目覚め？

いかにもローカル線的単線ゴトゴトの乗り心地が楽しい。「五百羅漢」「穴部」なんていう面白い名前の駅を経て、「岩原」「塚原」「和田河原」と原のつく駅が続く。

確かに走っているのは平地で、つまり原だ。今は家で覆われているが。

大雄山駅に着いたのは12時前だった。こんな時間でも結

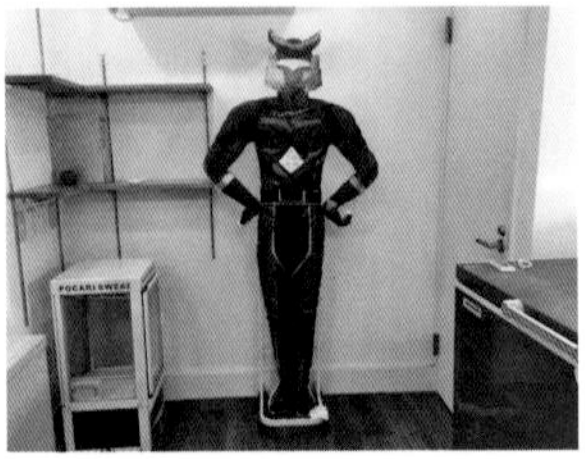

キンタローマン。状況が寒々しい。笑ってしまったが、少し気の毒

構乗降客が多いのが意外。全国的なローカル線の廃止が心配な昨今、なんとも心強い。

　ホームの木造屋根が昔っぽくて嬉しい。

「大雄山道了尊《どうりょうそん》」という、真ん中にでかい天狗の顔がある大きな看板が、ホーム入口にかかっている。天狗といえば、ボクの場合は高尾山だが、こっちにもいたのか。

　前夜調べたら、大雄山線というのは、ここにある大雄山最乗寺への参詣鉄道としてできたのだった。

　駅から最乗寺までは３・２km、徒歩52分と出た。この散歩にはピッタリ。地図を見るとほぼ直線。まっすぐまっすぐゆるい傾斜を登ればいい。駅との高低差は２７４m。そう辛くはないだろう。

　改札を出ると、無人の観光案内コーナーに、兜をかぶった戦隊ヒーローっぽい者が立っている。等身大の書き割りだ。だが、なんの説明もない。不気味でもあり滑稽でもある。

　今、これを書きながら調べたら「キンタローマン」というローカルヒーローだった。立っているシチュエーションがかなり寒々しく気の毒だったな。金太郎の要素、薄いし。

　駅の外に出たら、熊に乗った金太郎の銅像もあった。昔から思うが、幼児の金太郎が、裸で巨大な刃物マサカリを担いでるのは、危険すぎる。大人はなぜ止めない。

　駅舎は、本稿扉ページでご覧の通り、絵に描くのが楽しみになるカワイサだった。

駅の近くで昼ご飯を食べ最乗寺へと歩く

　まずは腹ごしらえだ。駅前からちょっと歩くと、遠くに白地に緑の文字の看板が見えた。近づくと「和洋　中華　きよ竹食堂」とある。いいじゃないか。店構えに、ひと目惚れ。入った。地元の人で賑わっている。アタリ。

　飲んでいる一人女性客がいたので、思わずビールを頼み、見たことのない「オシツケ（アブラボウズ）」という白身魚の刺身を、おばちゃんに言われるままに酢味噌で食べた。うまい！　あとで調べたら、不気味な褐色のでっかい深海魚だったが。

そして、これからちょっと山を登るので、気合を入れて(なら酒なんて飲むなって話)ポークソテーライスを注文。この店で一番高い1200円。ごはんも肉もおいしく、お昼ごはんから大満足。

店があまりに好みだったので、今日の取材は半分終わった気分。ビール飲んだからか。

食堂の前の道が、右に行けばズバリ最乗寺への一本道だった。無駄がない。

最初は車道の横の歩道だが、やがて山の中に入っていき、車道から独立して、山道の風情になる。周りは、幹太くまっすぐ伸びた、古く大きな杉の森。箱根に似ている。いろんな鳥の鳴き声がする。

人はおらず、静かだ。勾配が次第に大きくなり、時々階段がある。でも手擦りもあり、ひどい凹凸道もなく、お年寄りでも苦ではないだろう。途中から枯れ葉の下の土が、ふかふかになった。踏み心地がいい。

道端に「十八丁目茶屋」という店が現れる。「名物麦とろ」と書いてある。きっとうまいんだろうなと思う。そばうどんもある。でもさっき肉を食ってまだ満腹。

冬の木洩れ陽が美しい、シブイ山門をくぐった時、前から人が降りてきた。誰もいなかったから外していたマスクを出そうとして、ポケットにそれがないのに気づく。どこ

看板、暖簾、鉢植え、文句なし。
味も雰囲気も最高の食堂だった

初めて食べたオシツケの刺身。
脂がのり、酢味噌がバッチリ。
ピンクの花は飾り

INFO

きよ竹食堂

アクセス:大雄山駅より徒歩3分
営業時間:11~20時、水曜定休

最乗寺への山道。ずっとこんな感じ。鳥が鳴き空気よく歩きやすい

売店。坂道に並んだ風情がタマラナイ。表の長椅子も傾いていて座りにくい

かで落とした。替えがない。

急いで降りていくと100mくらい下の階段に、落とした形で落ちていた。よかった。拾って戻って、それを着ける。こんな屋外で、めんどくさいし虚しい。

また少し登ると「十八丁目売店」があり、味噌おでんや天狗せんべいを売っていた。隣がお土産屋、その隣の店も天狗せんべいを売っていた。

坂道に肩寄せ合っている売店たちの有様が、昔の観光絵はがきの一枚のようで、郷愁をそそる。

最乗寺の境内を散策し小田原へと戻る

午後2時20分、最乗寺到着。コロナのせいで運動不足な

山道途中の「専門僧堂」。ここでマスクを落としたことに気づき、戻る

んだろう、少し足が疲れた。が、ちょうどいい低山登山になった。手頃な山寺。空気もいいし、緑豊かでフィトンチッド十分、足元もよく、歩きやすい。コロナ禍中の大人にオススメしたい。

ああ着いた、はいおしまーい、と思ったら、驚いたことに境内は想像を超えて広い。

中央に大きな四角い広場があり、その周りを立派な本堂、鐘楼などいろいろな建物が囲み、回廊で繋がり、その外側には小さな滝も落ちているではないか。こんな山頂に。

建造物が山の自然と一体になった佇まいが、凛として気持ちいい。天狗の像が所々に立っている。

天狗の高下駄だけが大小様々無数に置いてあるところがあり、中央に「和合下駄」という巨大な赤い下駄のモニュ

天狗の大和合下駄。それより周囲の森、深い自然がスバラシイ

メントが据えられていた。和合、ですかい。

でもそれらの人工物より、太く樹齢がありそうな杉の大木群に、ボクは霊験あらたかなものを感じた。

この鬱蒼とした古い杉の山があったから、人がここに集まり、ここに寺が開かれたのだろう。日本の宗教はなにか人の存在を超えたもの、山や滝や太陽を畏れ拝む事から始まっている気がする。

ボクも、ここに来るべくして来たような気がしてきた。山に呼ばれたのかもしれない。宗教を知らず、信心が無くても、心に伝わってくるものがあった。我々は、自分で生きているのではなく、何ものかに生かされている。欲に溺れず、謙虚にならなければいけない。やけに、真面目。

さて、午後3時を過ぎると、山はもう陽が陰って夕方の色だ。寺を出て、すぐ下の「大雄山最乗寺茶屋」に入って、バスを待つことにした。

表の戸が開け放ってあり、石油ストーブがついている。店の人に「お帰りなさーい。奥へどうぞぉ」と言われる。なんだか落語の世界みたいだ。赤いデコラ張りの古いテーブルに着いて、暮れ行く山道を見ながら熱いコーヒーを啜る。旅情が滲みる最高のひと時だ。

ほどなくバスが来て、乗って帰る。車だと駅まであっという間だった。

電車の時間があったので、意味なく隣の「富士フィルム前駅」まで歩く。途中、何があるわけでもなく、ただ歩いた。

でもただ歩いて着いた駅舎には、教会の尖塔のようなものがついていて、かわいい。そういうお出迎えが待っていたのか。和む。歩いてよかったじゃないか。

来た電車は、またブルーラインの電車だった。帰りの電車も、乗客は少なくない。市民に十分活用されている。よし、よし、と二度頷く。

寺近くの茶屋でコーヒーを飲んでバスを待つ時間。石油ストーブの匂い

INFO

大雄山最乗寺茶屋

アクセス：大雄山駅より伊豆箱根バス「道了尊」下車徒歩1分
営業時間：10〜15時30分、不定休

夕空に無数の風船が揺れ、夢のようにシュールな美しさだった

またも無意味に、終点ひとつ前の、緑町駅で降りる。小田原市街に向かって歩くと、裏通りにシブい店がポツポツある。どこで飲もうか迷う。

通りを曲がったら、素晴らしいグラデーションの夕暮れに、風船がいっぱい風に揺れている、夢のような光景に出くわした。フェリーニの映画や、シュールレアリズムの絵画のようだ。自分が生きているというのは、やっぱり不思議なことだ。思わずボーッと見とれていた。

きっと大雄山の山が、この光景を見せてくれた。そう思おう。

結局古い古い小さな中華料理店に入り、シューマイで再びビールを飲んだ。

大雄山駅MAP

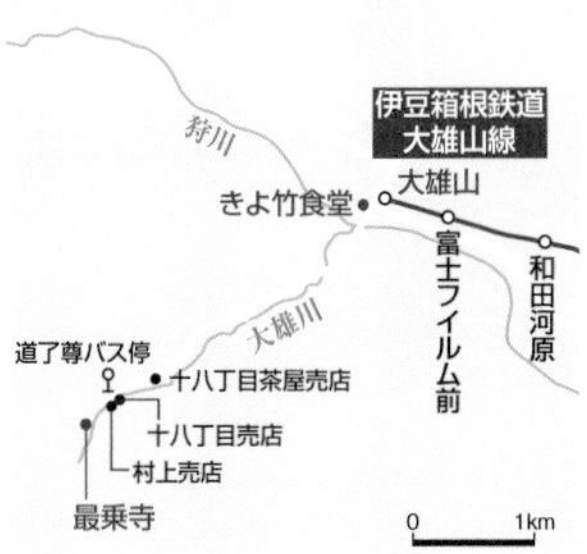

西武鉄道　新宿線

本川越駅

（埼玉県・川越市）

小江戸散歩の玄関口

駅舎は新しいビルで、きれいだけど絵に描く気にはならない

INFO

名代焼だんご 松山商店

アクセス：本川越駅より徒歩10分
営業時間：9時30分〜16時30分、水曜定休

十数年ぶりに歩く川越の街歩き食いが楽しい

今回は西武新宿線の終着駅・本川越から歩くことにした。時々食べに行く蕎麦屋で、長いことバイトしていた女の子が、最近、川越の古い大きな蕎麦屋に嫁いだ。

その店を調べたら、本川越駅から５㎞ほど離れた入間川沿いにある。ちょうどいい、そこをゴールに歩いて、お祝いの言葉でもかけてこよう。そんな散歩も、なんだか昔の人みたいでいいじゃないか。

終着駅ホームに降り立ったのは、午前10時半。駅を出たら、雲ひとつない晴天だ。

本川越駅は、駅ビルの中に入っているので、外観としてはただのビル、と言ったら失礼だが、単体の駅舎はなく、絵には描けない。

だけど、小江戸と言われる川越の町だ、きっと色鉛筆で描きたくなる風景があるだろう。

目的地は駅からほぼまっすぐ北。歩いて行くと、じきに観光地としての川越の街の中心地に入っていった。これは嬉しい。前に来たのはもう十数年前。あまり覚えていないので、新鮮な気分。

「川越名物焼だんご小澤屋」がある。小腹が減っていて、思わず一本買ってしまう。醤油団子。みたらしではないから、そんなに甘くない。冷たかったけど、もちっとして、それはそれで、旅気分だ。

アイスクリームや焼き鳥の店頭販売もあって、観光客のつまみ食いを奨励しているようでもある。そんなのを買っては、古い骨董品屋や金物屋を眺めつつ、歩き食いする楽しさ。

緊急事態宣言下の平日なのに、意外に若い人もたくさんいる。というか幅広い年齢層の人が歩いている。やっぱり閑散とした観光地は寂しいので、ほっとする。

熊野神社があったのでお参り。「むすびの庭」というのがあって「八咫《やた》烏様から一言頂けます」と書いてある。なんだと思ってそこに行くと、突然「ゴーン」と鐘の音（録音物がスピーカーから）が流れ、続いて女の声が、

「心を尽くして努めれば時かかりても願いは叶う」

と言った。笑う。この声が八咫烏様。もろ人間ぽい。そうですか。はい。

通りに戻って、老舗っぽい豆屋で、煎り豆を買う。ウチで飲む時のつまみ。いろいろ試食してみて、決める。こういうの、楽しい。

さつまいも料理の和食店では、カレーパンや餡ドーナツも作って売っていて、気になる。

録音されたお告げを言い渡される

「時の鐘」は思ったより小さくて地味

みんなに全身を撫ぜられ続け、ツルツルピカピカ

川越の写真といえば必ず出てくる、シンボル的な鐘楼もあった。「時の鐘」。その昔は人間が決まった時間に鐘を撞いていたらしい。今は機械式。銀座の和光の時計台もそうだ。

札幌の時計台もそうだが、時の鐘はポスターなどであまりに使われてるから、みんな見慣れてて、「あ、あれね」と流し見されてしまったりするのが（ボクです）、ちょっと気の毒だ。

つい一杯やりたくなる店がある裏通りも楽しい

蓮馨寺《れんけいじ》という大きな寺があったので、ここもお参りする。真っ赤な「おびんづる様」がいた。「おびんづる」という語呂が昔から好きだ。たしか岩手の遠野で初めて見た。拝む者は、自分のからだに悪いところがあったら、おびんづる様のその部分を撫ぜるとよくなるという。ボクは左肩が六十肩なので撫でた。頭の悪さは、ハゲも含めて、もういい。

境内に、すばらしい看板と暖簾の焼き団子屋があった。ひと目見てぐっと来て、今回のトップの絵に描こうと思った。

店構えの写真を撮って、それから団子を1本買った。店のおばあちゃんがニコニコと出してくれた。今度は温かい。甘塩っぱくて香ばしく、おいしい。

通りに戻る。メンストリートもいいけど、裏通りにも古い店が並んでいて、どう歩くか迷う。

脇道にも、気になる食べ物屋が見える。おしゃれな洋食屋や古い鰻屋もある。前来た時とずいぶん変わった。いや、自分が歳をとって、目に留まるものが変わったのか。両方だろう。

この看板、20年ぐらい前に撮った。でも少し違っている。作り直したか

もうやっていないようだが、看板がいい

目的地の蕎麦屋でお昼を食べる、という強い意志がなければ、どこかシブい店に引っかかって、明るいうちから一杯やっていたに違いない。

「昔と今をドッキング」と看板に書かれた支那そば屋があって「これは写真に撮ったぞ！」と思い出す。たぶん20年以上前だ。「ドッキング」という言葉の使い方が面白くて、思わず笑ってしまい撮った。

それをまた同じように面白いなと思って、ついまた写真に撮ってる自分に苦笑い。これは性分だろう。

小学校の時、初めて小さなカメラを買ってもらった頃から、すでに近所の面白い名前の表札などを、写真に撮っていた。「こんな面白いものを大人が真面目に作って玄関に付けている」という事実が面白くて、撮った。自分が見つけたものが「笑わせようとしたウソじゃなくて、ホントにある」という証拠写真でもあった。でもできた写真を見て、やっぱり笑った。その表札には住所とともに毛筆の美しい字で「三平平三」と書いてあった。

この小江戸、ものすごく広いエリアでもないが、とても一度では回りきれない。

それでも、いつの間にか抜けて、車通りの多い車道を、ボクは歩いていた。歩道の幅が広く、歩きやすいのは助かる。いろいろ道草食ってたので、目的地は遠い。

山が近いことを感じる木材加工販売店。楽しそう。今度覗きたい

街を抜けこんな道をずっと歩く。天気がいいので気持ちいい

「木の材料や」という、大きな木材の加工工場兼販売所みたいなのがあった。床材、茶室用材、カウンター・看板・テーブルなどと書いてあり、実際触って見学できるようだ。北関東の木材を加工販売しているのだろうか。いつか覗いてみたいと思った。

目当ての蕎麦屋は日本家屋の大きな店だった

黄色い看板の大きな「山田うどん」が現れた。そういえば埼玉に多いチェーン店だ。

と、思って歩いていたら「山田小学校」が現れた。え？と思ってさらに進むと「山田」という信号が現れた。

どうやらこの辺は山田という地名らしい。それで「山田うどん」？　社長か会長の苗字からじゃなくて？と思って、今調べたら、創業者は山田さんだった。でも本社は隣の入間市にある。地名の山田は川越市だ。面白い。

こういうことを調べるのは、旅から戻ってからの楽しみだ。旅の謎解き時間。この時はパソコンとインターネットが活躍する。

天気はいいが、北からの風は冷たい。上州の空っ風も近いからな、と思ったとたん「釣具の上州屋」が現れたので

目的の蕎麦屋で食べた「つけ汁せいろ蕎麦」。いい店でよかった

INFO

そば御膳 むさしや

アクセス：本川越駅より東武バス
「城西高校」下車徒歩3分
営業時間：11～20時45分、火曜定休

笑ってしまった。シンクロニシティ。

そしてほどなく、目指す蕎麦屋「むさしや」の看板が見えた。近づくと、大きな日本家屋だ。

ここに嫁いだ子は、博多の生まれと聞く。それが東京の大学に通うために上京し、東村山の蕎麦屋でバイトすることになり、その縁で、川越の郊外のこんな立派な店に、お嫁に来たのだ。

一人の女性の物語の、今のところの最後のページをめくったような気がした。この先はまだ印刷されていない。

店内はお昼時の賑わいだった。大きな駐車場があるし、たぶん客のほとんどは車で来ている。家族連れが多い。

店員姿の彼女が、すぐボクに気がついて笑顔でやってきて、座敷席に案内してくれた。川越の駅前で買った花飾りを、ささやかな結婚祝いに渡す。

追って出てきたご主人は、ずっと年上の優しそうな人だった。隣ではにかむ笑顔は、早くも若女将のものだ。

ビールを頼んだら、蕗味噌がお通しに出た。春の味だ。フキノトウと空豆の天ぷらと、冷奴を頼む。冷奴の鰹節が細切りで香りがいい。

締めに「つけ汁せいろ蕎麦」を食べた。自家製柚唐辛子で香り付けしたという一品。キリッとした手打ち蕎麦で、つけ汁はあたたかく、その組み合わせがピリッとやさしく

入間川の堤防の上から、土手を降りて歩く。桜も多い

て「そうかそうか」と食べた。

帰り際、新郎のお母さんである大女将がやって来て「こんないい人が来てくれて」と目を細めていた。皆さん、よかったよかった。

店を出て、すぐ裏の入間川の土手を歩く。青空が、川面にもっと深い青色を落としている。向こう岸には桜の木が並ぶ。もうすぐ、あそこが全部桜色に染まるはずだ。

本川越駅MAP

伊豆箱根鉄道　駿豆線

修善寺駅

（静岡県・伊豆市）

板張りの内装がモダンな新しい駅舎

修善寺駅にいた駿豆線3000系。配色がタマラナイ

行きはこちらで東京駅から直行

レンタサイクルで出発
奥まった町中華を発見

今回の終着駅は修善寺《しゅぜんじ》。修善寺駅は、伊豆箱根鉄道駿豆《すんず》線の終着駅。だけど、ＪＲの特急も乗り入れているので、行きは東京駅から乗り換えなしの特急「踊り子」にした。

修善寺駅に着くと、反対のホームに駿豆線の３０００系の緑とクリームの列車が停車していた。新しい「踊り子」との対比で、ひときわレトロに見え、かわいい。帰りはぜひこっちに乗りたい。

お寺の修禅寺には過去に二度来たことがある。いずれの時も駅から寺まではバスを利用したが、今回はあの距離を歩くのか、長いな……。

と思っていたら、駅前でレンタサイクルを発見。しかも電動アシスト付きがある。「お、これはいい、一気に行動範囲が広がるぞ」、と借りることにする。この連載では初めてだが、近年、地方では時々利用する。坂が多い島などの取材では、もはやなくてはならない。置いているレンタサイクルも増えた。

店のおじさんはとても親切で、車の多い道や少ない道、目印や気をつけるところを、地図を見ながら丁寧に教えてくれた。助かる。

ご主人は、まっすぐ修禅寺に向かうより、

「ちょっと遠回りして旭滝を見ていくといいんじゃないですか」

と提案してくれた。

滝。いいじゃないか。周囲には店など何もないが、空いていて自転車も走りやすいというので、その案にのることにする。しかも、寺の近くの店でも自転車を返すことができるそうだ。それなら帰りはバスが使える。ラッキー。

さて、朝食は食べないで来て、もう昼前だったので、駅前で腹ごしらえしようと思ったら、曜日が悪かったのか飲食店が定休日ばかり。

しかたない、修禅寺に着いてから蕎麦でも食うか、と空きっ腹で自転車を漕ぎ出す。

そしたら国道に出たところで、「ぽんゆう」という大きな看板が目が目に飛び込んだ。あたりを見回すと、道から少し奥まったところに「朋友」という古そうな町中華があるじゃないの。暖簾、出てるじゃないの。これ幸いと自転車を停める。

店内に入ると、昼前で空いているが、メニューが多く、かなり年季の入った店。ボクが大好きなタイプ。

いつものように、店の様子を観察するため、時間稼ぎに「餃子とビールください」と言うと、おばちゃんがさっと

なぜかちょっと入りにくい店構え

ノンアルコールビールで餃子

INFO

朋友

アクセス:修善寺駅より徒歩5分
営業時間:11〜13時30分、木曜定休

顔を曇らせて、

「……お客さん、自転車でしょ?」

と言いにくそうに言った。

ボクはドンカンで、瞬時に意味がわからず「え」と見ると、カウンターの中の男性店員二人も、手を動かしながらボクの顔を見ている。

あ、そうか、自転車も飲酒運転はダメ。そうですかそうですねごめんなさい、と恐縮して、餃子だけ頼む。いやー、気まずかった。

出てきた餃子が、ニンニクがガツーンと効いてる昔ながらのタイプ。ビールが欲しいやつだ。

メニューを見ていて思いつき、「ノンアルコールビールと焼きそばください」と注文。

ラーメン屋でノンアルコールビールを注文したのは、生まれて初めてだ。

飲んでみて、最近のノンアルはなかなかよくできているな、と感心したが、やはり一抹の寂しさは拭えない。

でも焼きそばはうまかった。シャキシャキの野菜たっぷりの、ごま油香る塩焼きそば。これにして正解。食べていると、一目で地元客とわかる人々が続々と入って来た。人気店だ。そんな店に入れてよかった。

自転車で旭滝へ
観光客のいない滝を楽しむ

腹も満ち、快調に走り出すと、道は春の山里の中に入っていた。新緑がすばらしい。雲まばらな空は真っ青、寒くなし暑くなし、最高の自転車日和。電動アシストごきげん。ペダルが超楽。気持ちいいことこの上なし。

車道だったけど、レンタル店主の言った通り、車も少なく、安心。思わずマスク外しました。誰もいないし、空気がうまい。ああ、マスク無しって、なんて清々しいんだ。ヤッホーと言いたい気分。

ここを曲がれと言ってたな、というバス停で道を折れ、少し走って前方左手の山を見ると、山の中腹に一本の白い筋が小さく見えた。

もしかして?　とペダルを止めて凝視すると、かなり遠いのに、その白い筋が下に向かって流れているのがわかった。おお、きっとあれだ。なにか不思議な光景でしばし見とれる。

走っていくと、やがて道は曲がって山に分け入り、旭滝に到着した。誰もいない。そばに小さな神社があったので、階段を登ってお参り。旭滝に挨拶の気持ち。

それから滝に近づいた。滝はいくつかのの段を成してお

遠くに滝を発見。あそこか！　流れが見える

り、その岩肌が、作られた石垣のようになっている。

すると、立て看板があり、この滝の岩は、あたかも人が築いたかに見えるが柱状節理というマグマの現象で、伊豆半島の各地に見られる、とある。柱状節理、「ブラタモリ」とかにも出てきた言葉だ。

これを間近に見ることのできる展望台もあり、上ってみる。ここから見る滝も迫力があって、よかった。とめどなく落ちていく水の音、舞い散るしぶき。滴るような新緑と鳥たちのさえずり。

滝は、大量の水が、地形的な理由で、たまたまここで、落下し続けているだけの現象だ。なのに、それを超えた存在、意味、そして尊厳のようなものを感じさせるのは、なぜだろう。

滝の下に、昼休みでタバコを吸いに来たらしい作業員のおっちゃんが見えたが、彼以外誰も来なかったので、ボクはここにいる間、滝を独占できた。

本当に居心地よくて、ずいぶんゆっくり滝ですごした。目と肺と心が浄化された気持ち。

謎のカフェ経由で
帰りは三島まで普通列車で

それから、修禅寺を目指してまた快適に走り出した。

滝に向かう道には誰もいない。気持ちいい

間近まで行ける旭滝。心洗われる時を過ごす

しばらく行くと、道沿いに突然お洒落なカフェ「GRASPA」が現れた。ベーカリーのようでもある。周りに店は一軒もない場所。

面白いので自転車を停めて立ち寄ってみる。お茶も飲めそうだ。ワインのボトルも並んでいる。なんだろうここは？　いろんなパンが並んでいる。ここで焼いているようだ。こんな人里離れた山道で。夢というか、童話のようだ。

軽く走り疲れていたので、アイスコーヒーを頼んで、窓際のカウンター席に腰を下ろす。

遠景に青空と緑の山が見えて、すうっと落ち着く。

ポツンと一軒カフェの
カレーパンがうまし

INFO

パネッテリア グラスパ

アクセス：修善寺駅より東海バス「狭間」下車徒歩1分
営業時間：10〜18時、不定休

アイスコーヒーが、すごくおいしい。

ソファ席もあり、ウッドベースが飾ってある。趣味のいい別荘のリビングみたいだ。

立ち上がってパンを見に行き、せっかくだからと、カレーパンを買って席に戻って食べる。そしたら、パンサクサクでカレー本格的で、うまい！

なんだろうこの店は？　自転車を借りなければ、出会うことは一生なかった。でもなぜか親近感を覚えた。

小さな焼きそばパンをお土産に買って、出発。

走り出してすぐ、トンネル。気を付けなさいと貸自転車の主人に言われた場所だ。確かにダンプなどが来たら怖い。慎重に走り抜ける。でもなぜか親近感を覚えた。

そこからは、ほぼ一本道で修善寺の温泉街に行けた。増えるかと思った自動車も少なかった。

おじさんに聞いていたプリン屋さんを探し、自転車を返す。これはいいシステムだ。

歩いて修禅寺へ。前に来た時は、紅葉の時期で、きれいだったが観光客もドッサリいた。今回はコロナのせいもあり、ほとんどガラガラ。

赤い小さな花をつけたもみじの新緑が、目にしみるようだ。木々の葉が、みな自ら発光しているかのように、萌えたっている。今もまた、最高の季節だ。

新緑が全部発光しているようで、目にしみるような修禅寺

帰りに乗った普通列車は「GEO TRAIN」

INFO

桃中軒　三島駅売店

アクセス:三島駅
営業時間:10～13時、14～18時、不定休

帰りの新幹線では「港さば鮨」とカップ酒

お参りして、軽くあたりを散策、駅までバスで帰った。
修善寺駅からは計画通り、三島まで伊豆箱根鉄道にごとごと揺られてのんびり帰る。車体は青と白のＧＥＯＴＲＡＩＮだった。これもかわいい。
終着の三島駅の「桃中軒」で「港あじ鮨」とカップ酒を買い、新幹線に乗り換える。すぐにスカッとカップを開け、弁当を開く。自分で擦る生わさびの香りが胸に広がる。
久々の駅弁を、昼に飲めなかった酒とともに満喫しながら帰った。

修善寺駅MAP

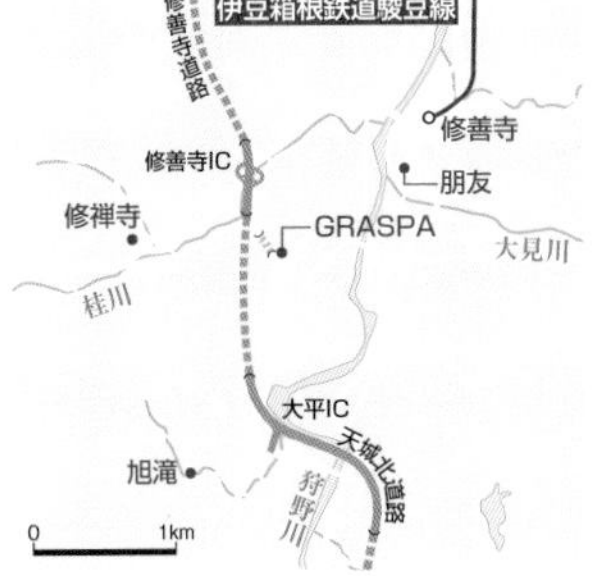

西武鉄道　多摩川線

是政駅

（東京都・府中市）

思い出の詰まった無骨な駅

単線で、いかにもローカル線な眺めが、こんなに身近にあった

乗った列車は黄色ではなく はじめての青い車両

今回は仕事場に一番近い終着駅、西武多摩川線の是政《これまさ》駅から歩く。

武蔵境から是政まで、6駅8㎞の短い路線だ。

昭和の三鷹生まれのボクにとっては、多摩川線というより「これまさ線」の呼び名が親しみある。小・中学校の男子は、これに乗って多摩川に釣りに行ったものだ。当時はクチボソをよく釣ってきたな。ボクは釣りはしなかったけど。

昔、今やタレントの蛭子《えびす》能収《よしかず》さんに、生まれて初めて競艇に連れて行ってもらったときも、この電車に乗ったっけ。多摩川競艇。多摩川線に「競艇場前駅」がある。

まだ蛭子さんはマンガ家だった。そうか、もう30年以上前になる。ボクたちは、同じ漫画誌「ガロ」にマンガを描いていたのだ。原稿料が出ない雑誌だったから、みんなビンボーだった。

そのガロの忘年会の時、蛭子さんに、

「クスミさんはいいですねー、三鷹なんて、多摩川競艇がすぐじゃないですか」

とあの長崎訛りで言われた。ボクが、競艇には行ったこと

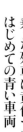

ないんです、と答えた。そのあとどんな会話があったか覚えていない。

そしたら、お正月に蛭子さんから自宅に電話がかかってきて、一緒に競艇行きませんかと誘われた。ボクは喜んで出かけていったのだった。

蛭子さんは、競艇場の入口で競艇新聞と赤鉛筆を買うことや、舟券の買い方を親切に教えてくれた。そして、

「これを食べるとツクんですよ」

とゲン担ぎの焼き餅を奢ってくれた。

結局ボクは少し勝って、蛭子さんは最終的に大きく負けていた。懐かしい。若かった時の楽しい思い出だ。

さて、武蔵境で西武多摩川線ホームに向かってみると、おっと、見たこともない青い車両。ボクは黄色いのしか知らない。ちょっと嬉しい。

午前11時少し前、先頭車両に乗り込む。土曜日の今日は競艇開催日のようだ。向かいのおじいさんは、競艇新聞に赤マジックでなにやら書き込んでいる。

車両はガラガラ。立ち上がって運転席後ろに行き、前方を見る。単線だ。少し田舎っぽく、近いのに旅行気分。ワンマン運転だ。

途中鉄橋(二枚橋川橋梁、と今調べて知る)を渡った時、あ、ここは野川公園から見えるところだな、と思う。

よく言えばスタイリッシュ。絵に描くにはイマイチ

野川公園は、子供の頃はまだ公園として整備されていなくて、国分寺崖線《がいせん》と呼ばれる高い赤土の崖を登るのは、かなりの冒険だった。その下の泉で、イシガメを見つけて、しばらく飼っていたこともあった。

高校生の頃は、もう芝生が整備されていたけど、駅から離れているせいか、まだ全然人がいない公園だった。寝転がって空を見たな。

ワインとフランスパンを持ってきて、木陰で食べたこともあった、その頃は、家族連れやカップルも増えていた。子供が小さい時は、家族で自転車でよく来た。野川でメダカをとったり。蛇がいたっけ。その息子も今は働いている。

漫画家のナベゾこと故・渡辺和博さんの家も、多摩川線沿いだった。どういう理由だったか、亡くなってから家を訪ねたことがある。奥さんと息子さんにお会いした。ナベゾや南伸坊さんや赤瀬川原平さんと、よく草野球したな。

列車の中で、なぜか昔の思い出ばかり浮かんでくる。競艇場前を過ぎ、11時6分にはもう終着駅・是政に到着。あっという間だった。遊園地の乗り物みたいだ。

是政駅は古くはないがちょっとそっけないデザインで、絵に描くのはどうかなぁと、いろいろ写真に撮ってみて、結局、描くのは駅舎ではなく、ホームに停車中の青い車両にしようと思う。

今日はここから京王線の調布駅まで歩くと決めていた。しかし、そうなると、今来た線路に沿って競艇場駅まで戻ることになる。無駄っぽいけど、まあそれもいいか。

蛭子さんとの思い出がある競艇場の正面まで来たら、すでに駐車場には車がずいぶんある。

近年、競艇は「ボートレース」と呼称を改め、人気も上がっている。若い観客もぐんと増えているらしい。ボクが行った頃は、観戦席もジジイばっかかだった。ギャンブルの行き帰りの、半数は酔っ払ったジジイが、アメリカンスクールの生徒と乗り合わせてるのが、是政線だった。

ボートレース場から多摩川土手へと上がる

正門前の飲み屋「桑実商店」。あったあった。それこそ客は全員ジジイだった。入るのは、ちょっとビビッてやめた。さすがにまだ午前中で、店は準備中。

場内からは、ボートのエンジン音が断続的に聞こえてくる。府中には競馬場も競艇場もある。市にとっては大きな財源だろう。

競艇場前駅まで戻り、高架駅の中を通って、南側に出る。そこから住宅の中を抜ければ、多摩川べりまですぐだ。

多摩川通りを渡って、土手に上がる。そこは自転車と人の専用道路「府中多摩川かぜのみち」だ。

曇りで暑くないので、歩くには気持ちいい。空が広い。ジョギングしている人もいるが、マスクをしていて、見た目には苦しそうだ。自転車も多い。

変電所があり、そこから電線が多摩川を渡って向こう岸まで伸びている。あっちは稲城市。東京都だ。もう少し下流に行くと、川の向こうが川崎市になる。

歩いていくと、河川敷に親子連れがたくさんいる。なにやら小さな川のようなものがある。なんだろう。

降りて行ってみると「多摩川親水公園」という人工的に作られたらしい小川で、水遊びしている親子連れが楽しそうだ。初めて見た。

水辺に小さなテントまで張っているファミリーもいる。小魚やザリガニもとれるようだ。半ズボンまでびしょ濡れだが、ここなら安心安全だ。

周りは草むらで、シロツメクサと、きれいなアカツメクサがいっぱい咲いている。モンキチョウが絡み合うように2匹、ヒラヒラ飛んでいる。

稲城大橋をくぐり、また土手を上がり、かぜのみちに戻る。

「多摩川左岸海から29㎞」と書いた石柱があった。

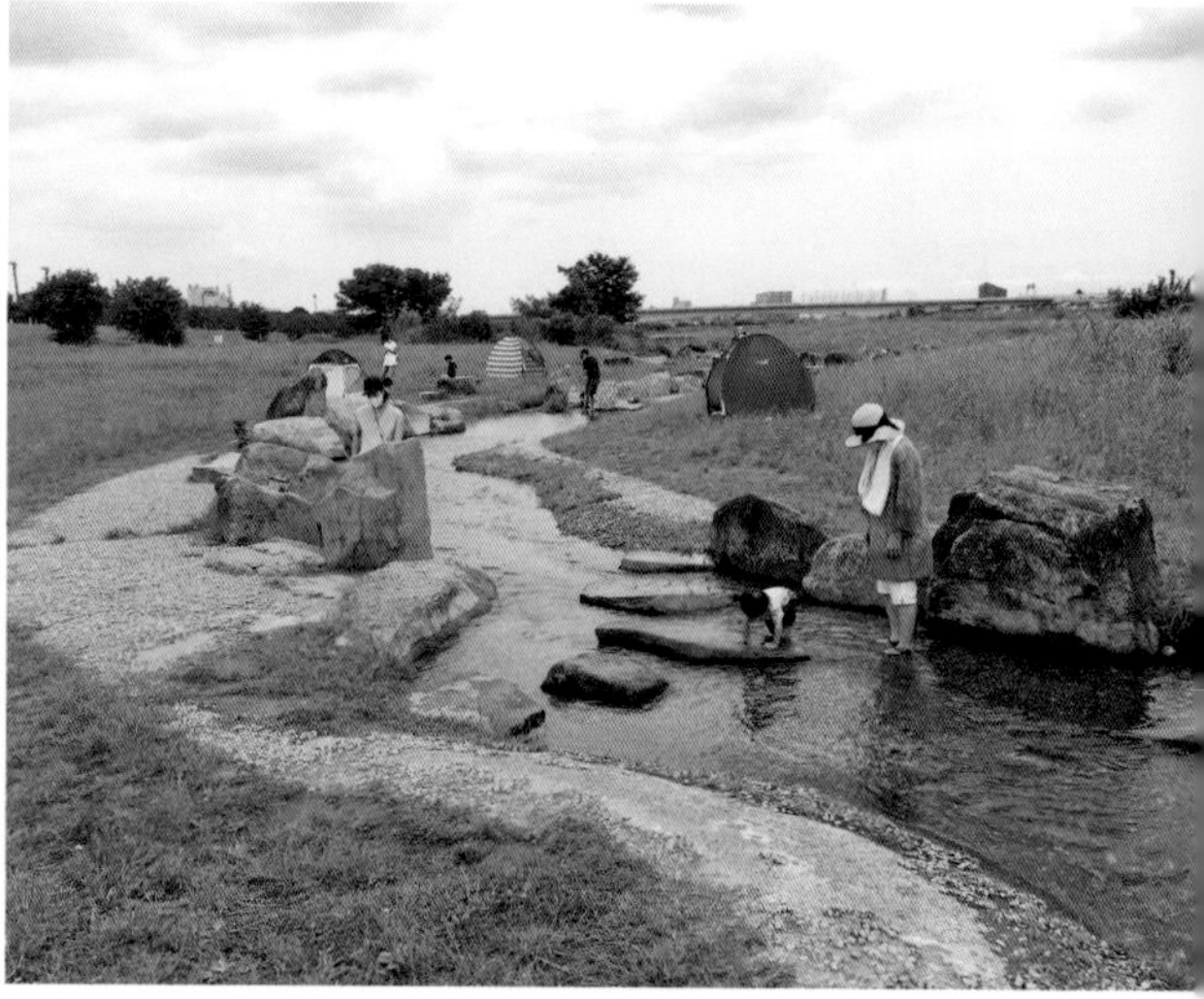

右／よくできた人工公園。子供たちは絶対楽しい
左上／シロツメクサとアカツメクサが咲いてる河川敷
左下／自転車を押して上流に向かう人。キツそうだ

ジョギング、自転車、犬の散歩の人が行き交う

川がずいぶん近づいた。これが一昨年（２０１９年。本稿執筆は２０２１年）は氾濫しかけた。いや、武蔵小杉のあたりで、少し溢れた。今年はどうなんだろう。この土手の高さまで増水するなんて、今は考えられない。

大きな橋を渡って調布駅へと歩く

12時18分、調布市と書いた看板。

背中にうっすら汗。駅で買ってきた水を飲む。

下の河川敷の道を、おばあさんが自転車を押して上流に歩いていく。テレビ番組の企画で、あの道を自転車で多摩湖まで行ったことがある。赤坂から。この辺は、緩い上り坂がどこまでもどこまでも続き、キツかった。おばあちゃん、どこまでいくのだろう。腰がすっかり曲がっているし、大変そうだ。

大きな橋が現れた。多摩川原橋だ。ここで左に折れる。鶴川街道か。川沿いの道を離れるのがちょっとさびしい。さよなら多摩川。ボクら多摩地区の人間にとって、やはり大きな川といったら多摩川だ。いや「母なる河」いってもいい。今、そう感じる。

鶴川街道に入ると、左手すぐに「産業廃棄物中間処理場」があった。「時間・昼・夜間営業」と書いてある。この東京だ、こういう場所がたくさんないと大変なことになるんだろう。詳しく知ったら怖くなる話も出てきそうだ。

道沿いの電柱に「想定浸水深５・０ｍ」と書いてある。ここらは多摩川が氾濫すると５ｍ浸水する可能性がある。電柱のずっと上の方に赤いテープが貼ってある。あそこまで水が。見上げてゾッとした。自然が本気で怒ったら、人間はアウトだ。それは明日かもしれない。

鶴川街道から品川通りに入り、まっすぐ、あまり面白みのない街中の道を歩き、調布駅南口前の道に入ったのは午後1時。競馬場前駅から、だいたい2時間。短いけどいろんなことを思い出した、いい散歩だった。

調布駅前「アラパンス」でお昼だ。最初から決めていた。知り合いの経営する南仏料理店。ランチの「鶏モモ肉のビネガー煮・エリンギ・小松菜のペペロンチーノ」を食べる。これも決めていた。ほんっとにオイシイ。楽しみにしていたが、今回も期待を裏切らずだ。

どこからどんな廃棄物がどれだけ集まるのか？

え、と思って見上げて、赤い線の高さに驚く

ウソだろ？という高さに予想水位の赤い線が！

本当にさりげなく、とびきりおいしいんです

INFO

アラパンス

アクセス:調布駅より徒歩3分
営業時間:11〜14時、17〜21時、
日曜・祝定休

是政駅MAP

富士山麓電気鉄道　富士急行線

河口湖駅

（山梨県・富士河口湖町）

特急の行き交う富士山麓の終着駅

線路が蛇行したり、登るのがわかる。「のりもの」って実感にウキウキする。

「富士回遊」7号。中央本線特急と大月で切り離し、河口湖駅に直通

河口湖駅まえに展示された「モ1号」。中には入れない。シブイ

特急「富士回遊」でJRから富士急行に乗り入れ

地図を見て終着駅を探していて、山梨の富士急河口湖線の河口湖駅を発見。ここなら日帰りできる。

調べてみると、特急「富士回遊」号というのがあり、立川から乗り換えなしで河口湖まで行けることがわかった。そんな列車ができてたのか。大月駅で中央線から富士急行線に乗り換えと思っていた。

ボクは、母の郷里が山梨県上野原だったので、小学生の頃、夏休みに富士急行線で富士急ハイランドや、河口湖に行った。半世紀前、大昔の話だが。

そして9月1日朝、三鷹発8時39分の中央線に乗り、立川で「富士回遊」7号に乗り換えた。

どんな列車か来るか楽しみにしてたら、「あずさ」・「かいじ」と同じ形のE353系。見たことない車両が来ると思っていたので、ちょっと「なーんだ」。

ところが大月駅で、ボクの乗っている後ろ3両が切り離されて富士急行線に乗り入れ、前の車両は「かいじ」として甲府方面に向かったのだった。なるほどなるほど、納得。

河口湖駅到着は、午前10時25分。

駅舎が大きくてびっくり。足湯や大きなお土産ショップがある。イートインはコロナ禍でやっていなかった。富士山は今や世界遺産だからなぁ。

この日はあいにくの曇り。晴れていたら駅前ロータリーから駅舎の背景にドーンと巨大な富士山が見えるはず。まったく見えない。わずかに両裾が見えるだけ。でも間近の霊峰の存在感は伝わってくる。

駅前には富士急行の前身である、富士山麓電気鉄道※の「モ1号」のコゲ茶色い車両が展示されてあった。超シブい。昭和4年開業とある。満州事変の前年だ。

お惣菜店を見つけ ビールを買って湖畔へ

朝飯抜きで来たので腹が減っている。

河口湖に向かう道すがら、なんか店はあるはずだ。歩き始めて5分もしないで「喜楽食堂」発見。だが、やってない。定休日でもなさそうだ。廃業したようにも見える。コロナ禍のせいか。食べられなくて残念というより、胸が痛んだ。観光地の個人店は辛い。

湖畔にも食べるところがあるはず、と歩き出したら「お惣菜の店ふるや」という大きな看板が目に入った。

洗いざらしの茶色い暖簾が出ていて、白い文字で大きく「コロッケ」と染め抜いてある。これは入るしかない。

看板暖簾ともに最高。
包みも味も最高

湖畔にて、まだ温かいコロッケと
ハムカツで冷ビール。言う事なし

INFO

お惣菜の店ふるや

アクセス：河口湖駅より徒歩5分
営業時間：10〜14時、16〜19時、不定休

店内には小さなカウンターがあって、香ばしい揚げ物の匂いが鼻をくすぐる。さらにぐぐっと腹が減った。

商品は、コロッケ、ハムカツ、白身魚フライ、アジフライ、とんかつのわずか5種類。注文してからおじちゃんが揚げてくれるシステムのようだ。最高じゃん。

120円のコロッケとハムカツを買った。おじちゃんはそれらを白い長細い紙にくるみ、さらに新聞紙で包んで輪ゴムでパチンととめて出してくれた。

昔懐かしいその手順と仕草を見ていて、思わずホロリときた。240円の感動。

持って歩くと、新聞紙から手のひらにコロッケの熱が伝わってきた。湖の手前にコンビニがあったので、缶ビールを買う。いい歳してワクワクする。スキップしたい。
6、7分で河口湖に到着。曇っているけど水辺は視界が開けて気持ちいい。
モーターボートの発着所にベンチがあったので座る。同じ船着場から、スワンボートで出て行く家族がいた。

包みを広げ、缶ビールをプシュッと開け、マスクを外して、グビリと飲む。

やぁ、うまい！　こんな屋外ビール、久しぶりだ。コロッケにかぶりつく。まだできたてに近いコロモの歯触り。いい香り。あったかくて素朴な味がたまらない。ああ、もうこれで今日のノルマは果たした、とさえ思った。

ハムカツも厚くて、食べ応え十分。ビールに最強。

約50年前、ボクは山梨に住む従姉妹のお姉さんに連れられ、ここに来たことがある。もう一人、ボクと同い歳ぐらいの男の子もいた。

実は、それは悔しい思い出で、心残りがずっとあった。

ボクは、モーターボートに乗りたかった。ところが当時ボクは、時々車酔いした。だから、お姉さんに
「モーターボートは船酔いするかもしれないから、待ってた方がいいんじゃないの？」

と言われた。ボクは何も言い返せなかった。

二人だけ乗り込み、モーターボートは、ボクを桟橋に残し、飛沫とエンジン音を上げて、出て行った。

時間にしたら、10分か15分の間だったはずだ。

だけど、その間、ひとり、小波がチャプチャプ行ってる砂利浜で待っているのは、本当に寂しくて、つまらなくて、悔しかった。ボクはなんであの時「大丈夫、乗れる！」と言えなかったんだろう。

その気持ちを子供のボクは、心の底に閉じ込めて、忘れるようにしていた。

だけど、今回一人で河口湖に行く、と決めたら突然50年の蓋が開いた。そして年を取ったボクは今、その幼い思い

操縦士さんが撮ってくれたモーターボートのボク。小学生に戻っている

を湖に解き放とうとしている。

コロッケで小腹を満たしたボクは、発券所に直行。5人まで同じ料金で、3分から15分までの5コースがあり、料金は4千円から1万円。

一人だとめちゃ高だが、この時の俺は、迷うことなく一番高い湖一周15分コースにした。50年の怨念を晴らす（さすがに大袈裟）値段だと思えば安いものだ。

モーターボートは、子供の時の記憶とは比べ物にならな

モーターボートからの河口湖。
オヤジ一人で立ち乗り超ゴキゲン

INFO

フジミマリン

アクセス：河口湖駅より徒歩15分
営業時間：季節によって変動

いほど大きくて立派。靴を脱いで乗るのが面白かった。

操縦はボクより年配の方だ。

エンジンスタート。いきなり加速。キタキタ！

カーブがいかにもモーターボートという体感。オヤジさん、わざとやってるね。Ｇｏ！Ｇｏ！　速いぜ！

岸辺の風景がビュンビュン飛んでく。

途中で船長に促され、立ち乗り。

風が最高、気持ちいい。ゴッキゲン！

いやぁ、堪能、納得、満足。怨念霧散。

15分のお大名遊びでございました。

湖畔の飲食店の多くは緊急事態宣言で休みだった。

コロッケビールしておいて、よかった。

お昼ご飯に 吉田のうどんを探す

そこから歩いてすぐの「河口湖富士パノラマロープウェイ」に向かう。標高１０７５ｍの天上山山頂まで3分。怖いほどの急勾配。

富士が見えないのはわかっていたが、頂上展望台からの眺めは、曇りでもなお雄大で、晴れていたら富士の裾野から山頂までの眺めがそれはそれはダイナミックなパノラマだろうと想像できる。長居しなかったが、上ってよかった。

INFO

河口湖富士パノラマロープウェイ

アクセス：河口湖駅より徒歩15分
営業時間：9時30分～16時、不定休

ロープウエイ山頂より。雲がなければ富士山が裾野からパノラマで見えるはず

富士吉田名物・吉田うどん。麺も汁も独特。キャベツが嬉しい

INFO

はちまんうどん

アクセス:河口湖駅より徒歩20分
営業時間:10時30分～14時、木曜定休

下りてきて、駅の方に戻りながら、ここにきたからには、名物の吉田うどんが食べたいと思った。ところが調べたら、ほとんどの店が14時で中休み。時計を見たら13時半。焦ってネットで一番近い店を探し、「はちまんうどん」に急ぎ足で向かう。それでも20分ぐらい歩いたか。

国道からちょいと入った場所で、通りすがりには見つからなそうな店。いかにも地元の店っぽくて嬉しい。

靴を脱いでアルコール消毒して中に入る。店内は広いが、コロナ対策がしっかり施されている。

「肉うどん」を注文して、セルフの水を持ってきて、待つ。かけは４００円、肉も５００円。安い。吉田うどんは過去３回ほど食べた。どこも庶民的で、麺は太くコシが強く、醤油に少し味噌を入れた汁が合う。肉が馬肉で、キャベツが入ってるのも特徴。「すりだね」という独特の辛味調味料を加えるが、これが店によって全然違うのが楽しい。この店のは、山椒が効いていると書いてあった。

うどん、やっぱりうまかった。やっぱりコシが強いというより「カタイ」と言いたい麺とまろやかな汁の相性がいい。キャベツ好きのボクには具も嬉しい。

麺はもちろん手打ちで、厨房の家族的な雰囲気もよかった。ここにしてアタリ、とほくそ笑む。

さて腹も満たされ、駅に向かう。時間はまだたっぷりあ

富士山駅への散歩の途中、
河口湖線の普通列車に遭遇

散歩の終点・富士山駅舎は大きい。
最上部が霧で霞んで幻想的

る。どうしようかと思ったが、河口湖線の富士山駅までのんびり歩くことにした。そしたら歩き始めてすぐ、霧が出た。

富士急ハイランド駅のあたりではかなり濃くなり、ジェットコースターの最上部が見えないほどだ。

午後3時頃、富士山駅到着。15時12分の特急で帰る。結構歩いたので、疲れた。座ったら大月を待たず眠りに落ち、目が覚めたら八王子だった。

※2022年4月に、富士急行より鉄道事業が創業時の名を冠した富士山麓電気鉄道として分社化

河口湖駅MAP

小田急電鉄　江ノ島線

片瀬江ノ島駅

（神奈川県・藤沢市）

クラゲ漂う竜宮城のごとき駅

いまいちロマンスカーらしくないEXE。VSEかGSEがよかったな

新宿からロマンスカーで片瀬江ノ島へと向かう

小田急江ノ島線の終着駅、片瀬江ノ島から散歩した。

新宿からロマンスカーで行こうとしたら、平日の昼は箱根と違って朝9時40分発の「えのしま1号」しかない。次はなんと夜18時15分発。もっと本数あると思ってた。1号で行くしかない。

ロマンスカーの車種が、この日はEXEだったのが少し残念。GSEかVSEがよかった。箱根に行くときは絶対車種を見て切符を買う。同じ値段で、乗り心地が違う。まぁ、乗ってしまえば忘れるのだが。

江ノ島行きは本数がないからは車種に贅沢はいえず、しかも日によって車種が変わるらしい。乗って発車してしまえばそんな違いすぐ忘れるんだけどね。

新宿駅でビールとつまみを買って乗り込む。江ノ島行きは車内販売がない。

でもロマンスカーってやっぱりいい。乗っただけで仕事脳が切れる。ロマンス脳になる。下北沢くらいで、もう缶ビール、プシュ。ホームの皆さんごめんなさい、と心で言いつつ、本音はザマアミロ。

午前10時50分、片瀬江ノ島駅到着。

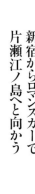

構内の壁に大きな丸い水槽がはめ込んであり、中にクラゲがたくさん泳いでいて幻想的。前に来た時こんなのなかった。「新江ノ島水族館」はクラゲで有名だ。

駅舎の外観は、竜宮城をイメージしたものだろう。屋根の上の金のシャチホコが、金のイルカになっているのが遊び心だ。

江の島の裏側まで橋を渡らず船で移動

秋晴れだ。江の島は高校生の時から何度となく来ているが、今日は数年ぶり。

いつも普通に江ノ島弁天橋を渡って行くが、今回は、船で江の島の裏側の稚児ヶ淵まで行き、そこで上陸、歩いて島を縦断し戻ってこようと考えた。初めての試み。

船は、橋の手前の船着場から10分おきぐらいに出航している。満員で20人乗りぐらいか。後ろの甲板席に座る。

船が出た。揺れはそんなにない。北風がないせいか、全然寒くない。船の速度が心地いい。海も空も青く、なんと相模湾越しに雪をかぶった富士山が見え、めでたい気持ちになる。幸先いいぞ。

10分もかからないで、稚児ケ淵到着。短時間でも「船に乗っていく」という移動が楽しい。

INFO

べんてん丸

アクセス：片瀬江ノ島駅より徒歩8分
営業時間：季節によって変動、荒天時・12〜2月の平日運休

上／船で江の島に上陸するのは初めて。片道500円。約10分に一本出航
右／海上から見る江の島が新鮮。波もなく快適な小船旅

江の島岩屋は思ったより奥深く、
蝋燭片手に歩いていくと
洞窟探検感、十分ある

INFO

江の島岩屋

アクセス:片瀬江ノ島駅より徒歩40分
またはべんてん丸岩屋乗り場より徒歩1分
営業時間:季節によって変動、不定休

暖かく風がないせいか、磯には釣り客が大勢いた。アジだろうか、20㎝くらいの魚を釣り上げる人を見た。海水がすっごく透明。江ノ島に渡る手前の片瀬海水浴場とは全然違う。

階段を上がって、磯の通路を「江の島岩屋」へ。江戸時代からの、江ノ島新恋発祥の地と言われる洞窟だ。奥行き150mほどある。

ボクは漫画『孤独のグルメ』の取材で来たのが最初で最後。今調べたら1995(平成7)年。26年前だ。そんなに経つか。ビックリ。

すっかり忘れてたけど、岩屋はなかなかよかった。入口で渡される蝋燭を持って歩く。案外暗く、案外長く、案外ワイルドに洞窟らしく、軽くワクワクする。まだ観光客がいないのもいい。船で先回りした者の勝利。

満足して出てきて、隣の第二岩屋に入ったら、こちらはいきなり「ビックリマン」の書き割りが並んでいて、大人はちょいガッカリ。

しかも奥にいた龍が、紫にライトアップされてて、場末のキャバレーっぽく、近づいたら「ガオー」と録音の声で吠えたので、ドッチラケアワーの苦笑い。

でも、それもまたよし。笑えないより笑える旅だ。

富士見亭で、たこブツ焼きとビール。
最っ高！んで、ラーメンだ

INFO

富士見亭

アクセス：片瀬江ノ島駅より徒歩25分
営業時間：10〜17時、不定休

昼飯を味わい
島を歩いてカフェを楽しむ

急な階段を登って行くと、崖の上に茶屋が並んでいる。そうだったこうだった。ここで昼飯にしよう。古そうな「富士見亭」に入る。12時少し前だが、客はまだ少ない。これから江ノ島は船で来よう。

いい天気だから、外のテラス席にした。江の島ビールとたこブツ焼きを頼む。

眼下に青い船原がどこまでも広がり、船が行き、トンビが飛び、空気はよし、焦げたタコに醤油が香り、ビールが最強にうまい！　今日来てよかった。もう何もいらん。

女夫饅頭、いい匂い。昔ながらの風情。
ずっと残して欲しい店

ふたつ山。ここのランドスケープは絵になる。漫画に描いた時を思い出す

「Cafe Mudu」。現代的な、お洒落な江の島。
メガネ忘れた俺、どういう顔だそれは

INFO

カフェ・マディ

アクセス:片瀬江ノ島駅より徒歩25分
営業時間:11〜18時、不定休

そしてラーメンを頼む、これがまたいかにも海の食堂ラーメンで、ウマかった。今年一番かも。

海原を眺めてゆっくりしてたら、だんだんお客さんも増えてきたので、出る。

ほど近い江島神社「奥津宮」でお参り。おみくじを引いたら、吉。いいことが書いてありホクホク。単純な男。

お岩屋通りを歩く。この辺は漫画にも描いたので、風景もよく覚えてる。饅頭屋とか、下って登る「山ふたつ」とか。谷口さんの描いた、江ノ島のトンビの絵がよかったな。

やがて、今や島のシンボルでもある展望台「シーキャンドル」が現れた。人が上っているのが見える。ボクは見るばかりで上ったことはない。

近づいたら入園料(シーキャンドル周囲は公園で囲まれてる)がかかるのがわかったので、やめた。さっきの富士見亭からの眺望で十分満足である。

だんだん前から歩いてくる観光客が増えてきた。団体もいる。みんな当たり前に橋を渡ってきたのだな。

道が下りになり始め、もうあとは賑やかな弁財天仲見世通りでおしまいかな、と思ったところで、「Ｃａｆｅ　ｍａｄｕ」に入る。島の中の上り下りで、足も少し疲れた。

ここでも外のデッキ席に座り、アイスカフェラテ。一息ついて店を出る。若者たちが大きなタコせんべいを歩き食べしてる仲見世は、混雑してるので足早に抜ける。

たこせんにブルーのものができているのには、驚いた。見た目が不気味で、おいしそうに見えない。でも十代だったら面白がって買ったかもしれない。

江の島と「本土」をつなぐ長い弁天橋を渡る。昔はここに、サザエのつぼ焼きとかの屋台が、ずらりと並んでいて、後ろ髪を引かれた。今はすっかり消えた。

帰りは初めて乗る湘南モノレールで大船へ

片瀬江ノ島駅には戻らず、すばな通りをぶらぶら歩いていく。新しい店が増え、昔ながらの古い商店はずいぶん減っている。江ノ電の江ノ島駅を過ぎ、車道を渡って、湘南モノレールの湘南江の島駅に到着。

このモノレールは、ここと大船を繋ぐ懸垂式モノレール。存在は昔から知っているけど、今回初めて乗った。観光客より、通勤通学利用客が断然多い。8駅、全長6・6㎞を13分45秒で走行。

3両編成の先頭車両に乗ったが、懸垂式で床の振動がないのが面白い。

細かいカーブに加え、上下の動きも多い。その落差が意外にも大きく、フロントガラス越しの景色の変化が、遊園地のアトラクションみたいで、実に楽しい。

でもそんなのを面白がって乗っているのは、旅人であるボク一人だ。窓の外なんか、幼稚園児さえ見ていない。

子供みたいに楽しんでたら、あっという間に大船に到着。駅前の「観音食堂」に入る。子供と違うのは、ここで昼間から酒を飲もうとしてるところだ。

この店には、約30年前に「タモリ倶楽部」のロケで初め

モノレール車内からの景色。アップダウンとカーブが多く楽しい

大船駅前の「観音食堂」。
酒も肴もうまい名店。
おにぎりで締めた

て来て以来、何度か訪れている。今は改装して看板が「かんのん」になってる。昼から夜まで通しで飲めて、魚介類が新鮮でうまい。今日も地元常連客たちでいっぱいで、みな楽しそう。いい店は客の顔を見ればわかる。隣のじいさん3人組は、真っ赤な顔をして笑っているけど赤い目が真剣。副作用のない漢方系バイアグラの話をしていた。

まずはアジフライとシラスおろしと小松菜のおひたしで瓶ビール。酒に変えて、めぬけの西京漬。

帰りは湘南新宿ラインのグリーン車で寝て帰ろう。今日は、ロマンスカー、船、モノレール、JR在来線と、いろんな乗り物に乗り継いだ。

INFO

観音食堂

アクセス:大船駅より徒歩1分
営業時間:休業中

片瀬江ノ島駅MAP

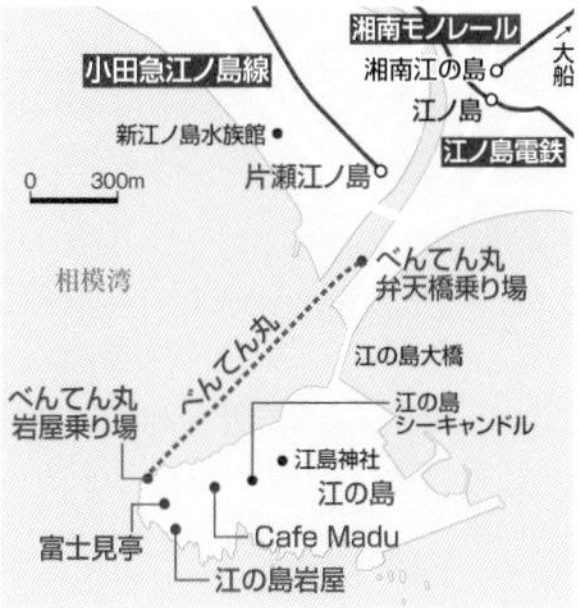

JR弥彦線

弥彦駅

（新潟県・弥彦村）

参道に続く寺社造りの駅

弥彦線の中から撮った、上りの弥彦線車両。緑と青の連結2両編成

新幹線も通る燕三条駅だが、
ガラーンとしたスペースが多い印象

弥彦線に乗り込み
車窓の大鳥居を見上げる

新潟の弥彦線。2014（平成26）年に燕三条駅から終着の弥彦駅まで、線路につたい歩いたことがある。

その時はつたい歩くこと自体が目的で、弥彦では神社にお参りして、蕎麦を食ってすぐ帰ってきた。紅葉シーズンで、混雑していた。

2021（令和3）年初冬、新潟市内で講演の仕事があった。その帰りに、弥彦駅から今度こそゆっくり、弥彦を散歩してみることにした。

上越新幹線燕三条駅から弥彦線に乗り換える。弥彦線は2両編成のワンマン運転だ。

調べたら、弥彦線はJRには少ない直接吊架《ちょうか》式が採用されている。列車が電気を取るための電線の方式で、極めてシンプルで、費用が安いが、速度も時速50km以上出せないらしい。

本数が少なく、10時5分発に乗り遅れると、次が13時46分。時刻表を調べないと大変だ。でも乗ってしまえば、27分で弥彦駅到着。

途中、歩いた時くぐった大鳥居が見えた。高さ30・16mは日本第2位。ビル10階分の高さというが、どうしてもそんなに大きく見えない。せいぜい5階建て。「彌彦神社」と書かれた社号額だけで12畳の大きさだというが、そんなに大きいと思えない。今回も半信半疑で車窓から眺めた。

駅から参道を歩き古い小さな店に入る

弥彦駅に着いた。駅舎は、初めて見たとき驚いた木製寺社造り。1916(大正5)年にこの形になって以来、リニューアルし続けて100年超え。

今日はあいにくの小雨。そのせいか乗降客は少ない。と

格天井が立派な弥彦駅構内。
やたら広々している。
雨で利用客は少ない

盛大な蒸気を吐き出す温泉まんじゅう屋さん。バックが弥彦山

はいえ、こんな日でも観光客らしきグループがちらほら写真を撮っている。さすが新潟の名所だ。

駅を出て神社に向かう道に饅頭屋があり、火事かというぐらい盛大に白い蒸気を出していて、笑う。

その背景に見えるのが弥彦の山々だろう。弥彦は小さな山脈になっていて、その向こうはすぐ日本海。手前は今こそ民家が多いが、その昔は見渡す限りの水田だったろう。広い新潟平野の海際に、小さな山脈が塀のように連なってるという、不思議な地形。古代人は神様を感じたに違いない。

駅前からの道を右に折れると、いよいよ参道の雰囲気が出てきて、左右に旅館や飲食店が並ぶ。

ちょうどお昼前で、腹も減ったので「松乃屋」という古そうな店に入る。

客は誰もいない。店員の姿も見えないので、大声で「すみません！」と言うと東南アジアっぽい顔立ちの若い女性が出てきたので、ビールとおでんを頼んだ。

ビールとともにテーブルに置かれた栓抜きが、ゴツくて「さわやか」と彫り込まれた重いやつで、嬉しくなる。昔、祖父の家にこんなのがあった。

お通しにおかきが出てきたのが、米どころ新潟らしい。かまぼこが入ったおでんも珍しい。

弥彦駅山道でビールとおでん。
蒲鉾が珍しい。栓抜きがでかい

サンプルは間違いだと思った。
だが同じものが出てきた

INFO

松の屋食堂

アクセス：弥彦駅より徒歩10分
営業時間：10〜16時、不定休

表のショーケースには、丼ものもうどんそばもラーメンもある。でも焼きそばの麺が退色したように白く、それだけウイててておかしかったので、焼きそばを注文。

そしたらすぐに奥でガコガコジュージュー激しい音がし始めた。客はボクしかいないから、音は焼きそばの調理音に違いない。

そして出てきたのが、表の食品サンプルそのものの、白っぽい麺の焼きそばで驚く。食べたら塩味の焼きそばで、ごま油の香り高く、野菜たっぷりでおいしくてびっくり。味付けも麺も食べたことないタイプの塩焼きそばだった。

彌彦神社にお参り そしてロープウェイへ

お腹いっぱいになって神社本殿を目指す。やがて高い杉が両側に立ち並ぶ表参道に入る。途中、道脇に立派な土俵があった。奉納相撲があるのか。

森、いよいよ高く深くなり、石畳の道は霊峰弥彦山に分け入るがごとし。

山門をくぐると、彌彦神社本殿が、静かに雨を受けて鎮座していた。黒々とした大きな杉に囲まれ、背後には白い霞をまとった弥彦の山々がそびえる。

まさに神々しいとしか言いようがない光景だ。

雨のため、静かに神々しく、近寄りがたいほど。低い雲も美しい

期待しないで登ったが、意外に眺望がよく、感激。さすが米の国だ

すぐに近づくのもはばかられ、山門の下で雨宿りしながら、見とれていた。参拝客も少なく、静か。

雨がいい。雨でよかった。濡れた屋根は生き生きとして、今なお続く歴史を感じさせ、雨を吸った石の道も、艶かしいほど美しい。

お参りをすませ、こんな天気で見晴らしもなかろうが、一応弥彦山の頂上に登ってみることにした。神社の横から、ロープウェイ行きの無料バスが出ている。

バスに乗り込むと、同じように酔狂な客が何人か黙って着席してた。走り出すと、山道を登って目的地はすぐだった。

ロープウェイ乗り場はいかにも観光地っぽく、お土産なども売っている明るい建屋。神々しい神社の雰囲気との落差が面白い。チャラチャラしてると言ってもいい。いや、それも固苦しくなくていいのだが。

弥彦山は、高さ６３５ｍ。偶然にも、スカイツリーと同じ高さだ。山が低いのかツリーがデカイのか。

ロープウェイにはすでに若者の集団が乗っていて、マスクをしながらも「たけえ」「やべえ」とはしゃいでいた。コロナ下での修学旅行か。

嬉しかったのは、頂上に近づくにつれ、弥彦の町、新潟平野がどんどん見えてきたこと。雨で景色はまったく期待してなかった。さすが新潟米どころ、という水田の広さ。その奥に雪をかぶった山脈が見えてきて、感動的なパノラマだ。あちらが福島、向こうが山形、あちらは群馬県になります、とガイドさんの女性が話す。なんてダイナミックな場所だ。この山の特異性を改めて感じた。

頂上は、とにかく寒かった。風が刺すように冷たい。海側にはすぐ眼下に日本海が黒々と広がっていたが、その向こうにあるはずの佐渡は、真っ白いガスの中だ。

寒いので、早々に下ることにする。

帰りのロープウエイのガイドは中年男性で、ユーモアたっぷりのトークが面白かったが、話の内容はほぼ忘れた。弥彦は、新潟市と長岡市に挟まれているが、平成の大合併でも、どちらにも入らず、今も弥彦村なのだそうだ。そこだけ覚えてる。

激シブ看板に誘われて冷えた体を温泉で温める

山から降りきて、山道の途中に「弥彦温泉展望長寿たぬき風呂」という激シブな看板を発見。冷えた体を温めよう。弥彦は温泉地でもあるので、どこかで温泉に入るつもりではいたのだ。

日帰り入浴700円。蕎麦もやってるようだ。

INFO

弥彦館 冥加屋

アクセス：弥彦駅より徒歩10分
営業時間：11〜16時（日帰り入浴）、不定休

山頂で冷えた体を温めた「弥彦館 冥加屋」の「たぬき風呂」。激シブだが、湯に浸かれば極楽

入ってみたら、誰もいない。蕎麦屋スペースにも、奥の喫茶室にも。「すいません」と言ったがしんとしている。

もう一度、少し大きな声を出したら、おばあちゃんが出てきた。

風呂に入れますか、と言うと、どうぞどうぞ、と笑顔で答え、古ーいタオルを大小2枚出してくれた。

階段を指差し「あの、いっちばん上まで上ってください」と言った。いっちばん、って。

言われる通り階段を上っていくと、2階からどんどん暗くなり、不安になってきた。階段の途中に狸の置物もあったが、よく見えない。ここは古い旅館の一部のようだ。客は誰もいないが。

4階に「男湯」があった。ひと気はまるでなく静まり返っていて、そこで全裸になるのが不安なほどだった。

だが、ざぶざぶ掛け湯して、そろりそろりと湯に浸かってしまえば、もうこっちのもんだ。

手足が冷えきっている。それがお風呂の湯の中でジーンと痺れながらあったまっていく。

からだを伸ばして「あー」と声を出す。うーん、気持ちいい。サイコー。

立ち上がって窓から見た「展望」は、近所の瓦屋根ばかりで笑ってしまった。だが、それもまたいい。あらためて、ゆっくり静かに浸る。俺は、新潟・弥彦に来ているのだ。

弥彦神社、よかったなァ。

出てきたら、下でおばあちゃんがお茶を用意してくれていた。すっかり冷めていたが。

弥彦、味わい深し。また来よう。

弥彦駅MAP

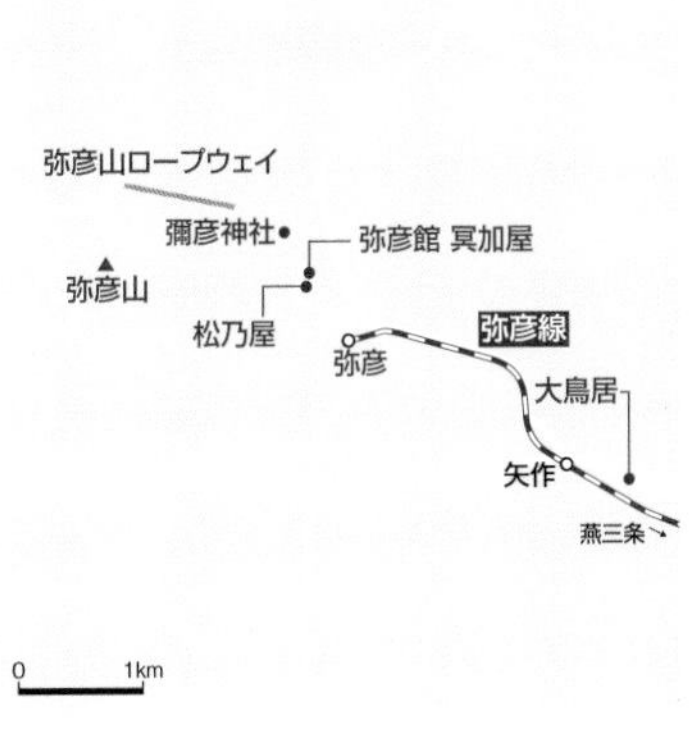

上信電鉄　上信線

下仁田駅

（群馬県・下仁田町）

山に囲まれた風情ある木造駅舎

上信電鉄の車両はどれもカワイイ。
今回の行きはこれ

広告がなく全てが全国から集まった絵手紙。楽しい

高崎から1時間で下仁田へ
駅周辺を歩いてみた

高崎から上信電鉄に乗って、終着駅の下仁田に行った。

下仁田は3度目だ。前回はドラマ「孤独のグルメ」のロケで行った。主人公井之頭五郎は、駅員に「温泉もあるんですよ」と教えられたが、そこに行くことはなく帰った。ならばボクが行こう。と思っていた。一泊散歩だ。

上信電鉄の列車は2両編成で、いろいろな種類があり、どれもかわいい。

今回ボクが乗ったのは赤とクリーム色車体の「絵手紙列車」という企画列車。全国から集まった絵手紙が、拡大コピーされて、車内広告部分に張り巡らされていた。スズメやブドウやぬいぐるみや人の顔の絵に、短い文が添えられていて、面白くて見飽きない。

電車は各駅停車でコトコトのんびり進み、外の風景も次第に市街地から山里の風景に移り変わり、山が近づいてきて、移り変わりで飽きない。

高崎駅から約1時間で終着駅到着。

向かいにも両側にも山が迫り、いかにも終着駅的地形だ。

駅舎は木造で、小さくて質素ながら、瓦屋根や、格子窓など、なんとも風情がある。

お昼に着いたので、ドラマでロケした店に挨拶がてら行こうと思ったら、その「中華一番」はコロナでお休みだった。残念。ここの餃子とタンメン、うまいんだ。

狭い商店街をひと通り歩いて、「安兵衛」という店に入る。ラーメンもカツ丼も定食もある、きれいで庶民的な店。

ボクは「下仁田葱入りナポリタン」を頼む。甘みのある柔らかいネギが、意外なほどナポリタンに馴染んでいて、旨い。下仁田ネギのアレンジとして、これはいい。

温泉旅館のチェックインまでには時間があったので、街中の床屋に入って頭を刈ることにした。

下仁田ネギがナポリタンに
すごく馴染んでいてオイシイ！

INFO

山岸理髪店

アクセス：下仁田駅より徒歩3分
営業時間：8〜18時30分、月曜定休

INFO

安兵衛

アクセス：下仁田駅より徒歩3分
営業時間：11〜14時、17〜21時、火曜定休

ここで3代目という
床屋さんのご主人と。
地元目線の話が面白い

「BARBERやまぎし」。看板がアメリカンな感じでカッコイイ。

入るとご主人に「え（調髪するの？）」という表情で見られた。まあ、飛び込みの散髪客なんてそうないだろう。ボクは最近、旅先で床屋に入るのが趣味なのだ。丸刈りの特権で、失敗がない。

この近くに、もう閉店している古い古いビリヤード場があり、ドラマでも五郎が覗いた。ガラスに「撞球場《どうきゅうじょう》」と書かれている。

「あのビリヤード場は、いつ頃閉店したんですか？」と調髪されながらご主人に聞くと、

「そうねえ、俺が二十歳の時はもう閉じてたから、50年ぐらいあのままだね」

という。そんなに長い間放置されているのか。というか、ご主人70歳なのか。若いなぁ。

撞球場は、昔、下仁田がもっと栄えていた頃に流行ってたそうだ。昭和40年代。高度経済成長期か。

「その頃はこの辺はみんな飲み屋で、芸者さんもいっぱいいて、どこへでも呼べたんだから。今は居酒屋は1軒だけ。あとはスナックくらいだね」。

古い床屋さんは、街とその住人の移り変わりを静かにずっと見ている存在だ。

昔のビリヤード場が閉店したまま、そこに50年もある

床屋を出て、もう少し広範囲の下仁田の町歩き。床屋の主の言う通り、もう閉じた古い立派な店がたくさんあった。少し淋しい。でも味のある町中華の店や、新しい飲食店もあり、ボクはこの小さな町が好きだ。

木彫が素晴らしい諏訪神社をお参りしてから、鏑《かぶら》川の河原に降りてみた。

水面が鏡のようにきれいだ。床屋の主人が「以前は魚ももっとたくさんいたんだけど、鵜が来てみんな食べちゃうんだよ」

と笑ってた。鵜が飛んできてみんな食べちゃう。困ったことだが、なんかのんびりしてて面白い。

駅前の古道具屋さん。
元倉庫か。店内が絵画のようだ

INFO

古道具 熊川

アクセス：下仁田駅より徒歩1分
営業時間：12〜17時（日曜）、平日は予約制

駅前に戻ると、「古道具熊川」というレンガの倉庫を改装したアンティークショップを発見。

中に入ると、ゆったりした展示で、店内空間が、それ自体で絵画作品のよう。セピアな色調。光もいい。家具やおもちゃの、古くて味が出まくってるのを見るのは楽しい。

温泉旅館で1泊
最高のタイミングで雪に

4時近くなったので、駅からタクシーで「下仁田温泉清流荘」へ向かう。

橋を渡って、山に入って行くととすぐ着いた。駅から歩いても来れたな。でも寒い。

細い橋を渡って玄関に向かうアプローチがいい。木立には雪が残り、池の一部が凍っていた。

部屋に案内されて、さっそく露天風呂に。裸になった時はものすごく寒いが、一旦湯に入ってしまえば天国だ。うわー、というほど気持ちいい。

泊まりがけ散歩は、この連載初めてだ。

からだの芯まであったまって部屋に戻り、冷えたビール。床暖房なので居心地最高。ビールがうますぎる。これで家に帰らなくていい、という開放感がスバラシイ。

そして、夕飯。イワナの塩焼き、鯉の洗い、イノシシの

温泉はやっぱり気持ちいい。部屋に戻り、冷えたビール！

雪景色を見ながらの朝露天風呂。これは翌朝だが、夜もよかった

INFO

下仁田温泉 清流荘

アクセス:下仁田駅より徒歩20分
または車5分
営業時間:不定休

五郎さんが入れなかった温泉に入り、
この夕食に地酒を付けて

朝7時窓を開け感動。
夜中に降った雪が樹氷のように

鍋。全部旨い。どれも量が少なめでちょうどいい。これほどおいしい刺身こんにゃくは初めてだ。

地酒「荒船風穴」が料理に合うこと合うこと。

その晩遅く、雪が降り始めた。なんと最高のタイミング。雪見酒。昼降ったら、散歩がしんどかった。

天気予報では午後から雨か雪だった。降られるのを覚悟で、防水の靴を履いてきた。

ゆっくりタラタラ飲み、四号瓶を一本空けてしまった。

そして家にいるよりずっと早く布団に入り、すぐ眠る。

そして翌朝。雪はやんでいたが、宿の周りの木々には霧氷のように雪が付いていた。枝々が細密画のように緻密で複雑に白く浮き上がり、めちゃくちゃきれい。

朝飯前に露天風呂に行き、それを眺めつつの温泉浴。目が覚める。川の音がして、最高の朝風呂。

朝ごはんの烏骨鶏の生卵と納豆がこれまたバツグン。

いやー、いい宿だ。さすが「日本秘湯の会」の宿。でもあんまり「秘湯」っぽくない、明るさ広さ清潔感でした。

帰り際には、女将に下仁田ネギを一袋いただき、最後まで感激。また来たい宿になる。

宿を出ると、空はどんどん晴れて太陽が出てきた。

あの朝の霧氷も、あの一瞬の景色だったのだ。

駅の近くに戻り　レストランで原稿を書く

鏑川のそばの青岩公園という小さな公園に行ってみる。確かに岩が不思議なブルー。下仁田は「ジオパーク」にも認定されていて、ここもそんなジオスポット。

駅前で、前に行ったことのある「れすとらんヒロ」に入る。席でパソコンを出し、コーヒーを飲みながら、この日締め切りの原稿を書く。書き終わってｗｉ－ｆｉに繋ぎ送信したら、お昼近かった。

前に来た時食べて、おいしかったカツサンドを頼む。それと下仁田ネギ入りドリンク「シモニタンＤ」。リンゴやレモンなどの果物とともに、下仁田ネギを入れているという。恐る恐る飲んだが、普通においしい生ジュース。と思ったら、最後にネギの味が少しだけ口の中に現れた。でも嫌味はない。

カツサンドが記憶通りの味で、最高においしいのを再確認。肉も衣もパンもうまい。俺は間違ってなかった、と嬉しくなる。

夕方までまた散歩してお腹をすかして、豚すき焼きの食べられる「コロムビア」に行くのもいいな、と思ったら、この日は定休日だった。次の機会に。絶対また来る。

青岩公園。下仁田は「ジオパーク」に認定されている

シモニタンD。
Dは「デー」と読みたい。
ネギドリンクだ

下仁田葱入り玉子サンド。
甘い味付けが懐かしウマイ

INFO

れすとらんヒロ

アクセス:下仁田駅より徒歩1分
営業時間:10〜18時30分、木曜定休

「れすとらんヒロ」で、下仁田ネギ入り玉子サンドを持ち帰り用に作ってもらった。帰りの新幹線で、缶ビールとともに食べたら、ネギ入り玉子焼きが甘くておいしい。ああ、こういう玉子焼き、昔食べたなあと懐かしくなる味だった。でも、ボクにしては、ちょっと食べ過ぎ。歩きと温泉の効果か。

今回の散歩は一泊二日だったので、内容が盛りだくさんだ。書ききれず、どこを省くか、苦労した。

下仁田駅MAP

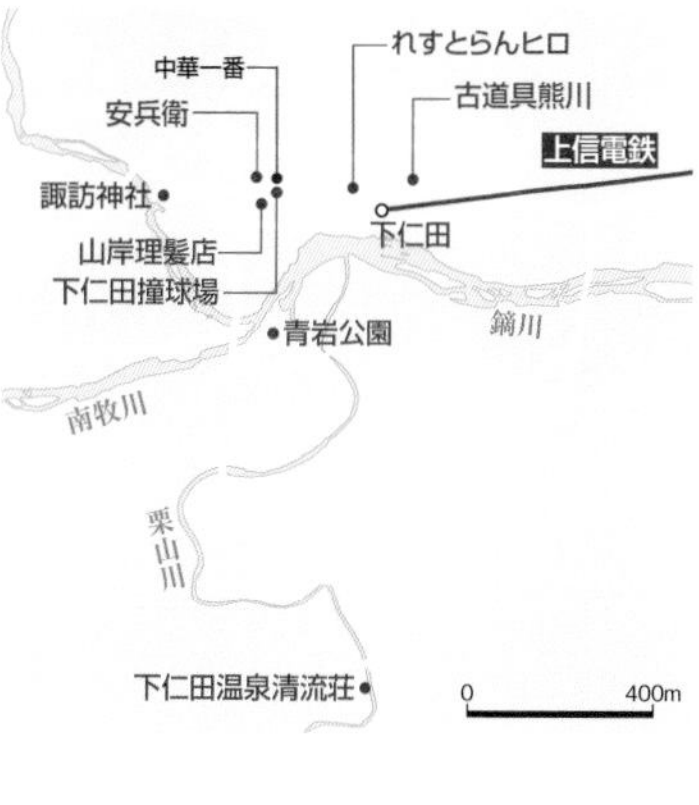

阪堺電気軌道　阪堺線

浜寺駅前駅

（大阪府・堺市）

旧駅舎が素敵な謎の「駅前」駅

浜寺駅前駅舎。駅というより家みたいだ

狭い車幅、奥行きの狭いシートが、
逆に楽しい阪堺線車内。ほっこり

デザイン力がある
浜寺公園駅旧駅舎

大阪でトークの仕事があるので、地図を見て、付近の終着駅を探してみた。

見つけたのが、阪堺電気軌道阪堺線。いわゆる路面電車だ。大阪中心から南へ下り、堺市の浜寺駅前駅が終着駅。よしこれだ。

しかし「浜寺駅前駅」って駅名、変じゃないか？　例えばバスで「浜寺駅前バス停」とかならわかる。その駅自体の駅前って？　駅前駅。自分の前の自分。

近くに南海本線の駅があるが、そこは「浜寺公園」駅。どうしてこうなったんだろう。

わかんないけど、深く調べないで行こう。

南海本線で羽衣駅まで行き、駅前のホテルにチェックインして荷物を置き、約1㎞北の浜寺駅前駅まで歩く。10分ほどで到着。小さなかわいい駅舎。

「阪堺電気軌道浜寺駅前」と書いてある。駅本体に駅前とあるのが、やっぱりちょっとヘンな感じ。

すぐそばに、南海本線・浜寺公園駅があり、その駅前に、もう駅としては使われていない「浜寺公園駅旧駅舎」がドーンとあった。

辰野金吾らの設計による旧浜寺公園駅。
和洋折衷のバランスがすばらしい

INFO

カフェ駅舎

アクセス：浜寺駅前駅より徒歩3分
営業時間：10〜16時、火曜定休

コレか、と思った。浜寺駅前駅の「駅前」はこれの前ということなのだろう。それなら納得する。

この駅は、東京駅を設計した辰野金吾らの設計で、1907（明治40）年に建てられた。今はギャラリーとカフェに活用されている。

実に落ち着いたクラシカルな欧風デザイン。だが重々しさが無い。なぜかなとよく見ると、この駅舎は木造なのだ。入り口のエンタシス的な柱も、石ではなく木にグレーのペンキを塗ったもの。でも全然安っぽくないのは、デザインの力だ。直線と円の使い方が面白い。和の香りもしながら欧風モダン。自分の住んでいる街の駅舎がこれだったら、さぞかし誇らしいだろう。

今、日本の新しい駅で、住民が「誇らしい」と胸を張れるような駅舎がどれだけあるだろう。

この駅舎には、街の玄関たる晴れがましさ、落ち着き、風格が備わっている。

昼を食べていなかったので、旧駅舎内のカフェに入って、キーマカレーを食べた。

中では観光客や地元の人たちが、くつろいでお茶を飲み話しをしていた。天井が高くて気持ちいい。

カレーの味は手作りっぽく家庭的で、お腹が空いてたので、胃にやさしい感じの味でおいしかった。

見てしまったら通り過ぎられない老舗感。
松露だんごを食べるべきだったと後悔

INFO

福栄堂

アクセス：浜寺駅前駅より徒歩1分
営業時間：9〜18時、木曜定休

寄り道したが、本命、浜寺駅前駅に戻る。脇に青と黄色の車両が停車していて、実物大の鉄道模型みたいだ。

駅の正面に「福栄堂本店」という和菓子店があり、吸い寄せられる。「創業明治四十年」とある。やはりねえ。「三色だんご」を一本買って、店頭の長椅子で食べた。有名なのは「松露だんご」らしかった。

阪堺電車で移動して堺の街を歩く

さて、やっと終着駅からの散歩なのだが、青と黄色の小さな車両を見たら乗りたくなってしまい、予定していた浜寺公園散策をやめて、乗車する。

路面電車は、車内が狭くてゆっくりゴトゴト走るのが、「乗り物」感あって、昔っぽくて、やっぱり楽しい。すれ違う車両にいろんな種類がある。かなり新型の車両も。でもやっぱり古い車両がいいな。

車道の真ん中に駅がある「寺地町」駅で降りる。駅というより停車場だ。ここからあたりを散歩。

すぐ近くに「ゲコ亭」を発見。こんな場所にあったのか。正しくは「銀シャリ屋ゲコ亭」。行ったことはないが、一度聞いたら忘れない店名。初代店主が酒を飲めなかったのか。その名の通り、ごはんが最高にうまいという。でもすでに店のシャッターは閉まっていた。朝8時から昼過ぎまでの営業なのだ。

「かん袋」という看板に引かれ行ってみると、ここもかなり老舗感のある和菓子店だった。「堺名物くるみ餅」と書いてある。ここも店名が面白い。「かん袋」ってなんだろう？御陵通りがあり、御陵前という信号がある。御陵、というのはもしや、仁徳天皇陵のことではないか。立ち止まってスマホの地図を見ると、果たしてそうだった。でも歩くと30分ぐらいあるみたいなので、行かない。

堺の中心街に入ってきて、店が多くなる。足が疲れたので、どこかに座ってビールでも飲みたいと思ったが、なかなかいい店が見つからない。

街中なのに小さな神社も多い。だんだん日が暮れてきた。

「お好み焼きふくや」の焼きそば。オムレツのような形成

INFO

ふくや

アクセス：宿院駅より徒歩3分
営業時間：11時30分〜22時、木曜定休

ぐるぐる迷い回って結局「ふくや」というお好み焼き屋に入った。

カウンターに座り、ビールと「ホルモンもやしポン酢」を頼む。うん、ホルモンおいしい。ポン酢がいい。

座敷では、子連れの家族が賑やかにお好み焼きを食べている。隣は若いカップル。テレビで「笑点」をやっている。絵に描いたような日曜日の夕方。いい店だなぁ。

ボクはお好み焼きでなく、焼きそばを頼んだ。こっちのほうが好きなんです。ごめんなさい。うまかった。

歩けどいい店が見つからず
高石まで移動してみた

店を出るとすっかり暗い。すぐそばに「コーヒー　ジャズ　エンカ」という店を見つけた。CDやテープも売っているようだ。ジャズと演歌？　「ブルーマウンテン　バター　コーヒー　アメリカン」とただ並べて書いてあり、値段も出ていない。。頭がぐるぐるする。なんじゃそりゃ。大阪、やっぱりすごい。入ってみたかったが、折しも店じまいのところだった。

南海本線の堺駅まで歩き、電車で東羽衣まで帰り、いったん宿に戻る。でもまだ20時前だったので、ご近所探索して、もうちょっとやろうと出たが、腹は減ってないし、ち

コーヒーを飲めるCDショップか。でもジャズと演歌って。大阪的混沌

ょうどいい飲み屋が見つからない。もたもたしていると、このご時世、店がみんな終わってしまう。

思い切って一駅電車に乗り、隣りの高石に移動。

ところが、腹が空いてないと「ここは若者店だ」「ここはチェーン」「ここはカッコつけてる」と店構え見て文句ばかりつけている。飲まないで宿に帰って寝ろ、俺。

ちっとも店が決まらないまま、街外れまで来てしまう。時計を見たら21時過ぎ！　もうタイムリミットだ。

と、そこに紫の路上電飾看板に紫の暖簾の「ざわわ」という店があった。紫過ぎて、スナックってかカラオケってか、少々ヤバイ気もしたが「えーい、ままよ」と入った。

そしたら思いの外、家庭的で居心地いい店だった。しかも料理が豊富でおいしい。泉州名物の水ナスと生ハムのサラダがよかった。すだち日本酒のロックもウマイ。

他の客はいなくて、店のママさんとポツポツ話しているうち、ボクが「孤独のグルメ」に出ていることがわかり、ママさん大興奮。番組の大ファンだったのだ。

話が盛り上がり、酒を焼酎「ざわわ」のロックに変えて、魚のお造りハーフ。新鮮でおいしい。土地の話もたくさん聞けた。明日は岸和田の方を散歩したいと話すと「かしみん焼き」を勧めてくれる。聞いたことのない食べ物。お好み焼きの一種らしい。思いがけず楽しい夜になった。

見た目だけでは普通絶対入らない店だが、
意外にもおいしくて居心地いい店だった。
見かけで決めつけてはいけない

INFO

ざわわ

アクセス:高石駅より徒歩5分
営業時間:17〜22時、不定休

そんなわけで、翌日は羽衣から南海本線で岸和田に向かう。駅から遠い住宅街の「大和」という小さなシブいお好み焼き屋で、かしみん焼きを食べた。それは、鶏肉と牛脂のミンチをのせたお好み焼だった。実に素朴でローカルな味がした。

ほのぼのした気分になり、桜が咲いている岸和田城など散策して、帰路に着いた。

スマホを見たら、この二日で4万5千歩も歩いていた。どうりで新大阪に着いた頃はクタクタなわけだ。

南海電鉄の車両。翌日はこれに乗って、
岸和田へ。和歌山行きだ

岸和田城。3月末で桜が満開だった。
城下町の眺めもよかった

岸和田の路地の奥の
お好み焼き屋「大和」。
店の佇まいがたまらない

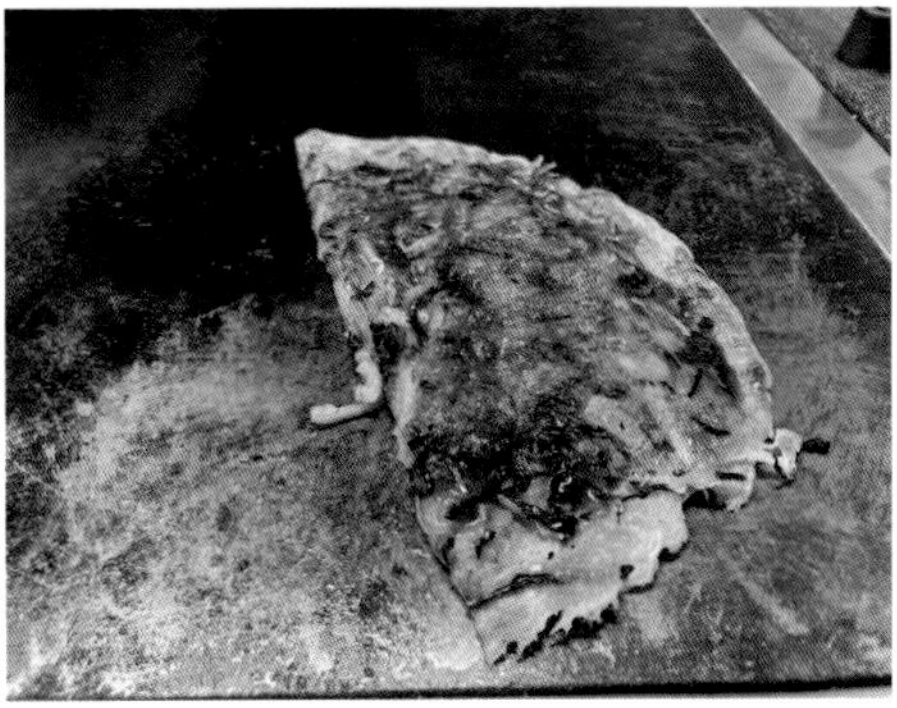

これがかしみん焼き。の半分。
鶏かしわ肉と牛脂ミンチが、
ネギキャベツとともに入ってる

浜寺駅前駅MAP

INFO

大和

アクセス:蛸地蔵駅より徒歩15分
営業時間:11時30分〜19時、火・水曜定休

神戸電鉄　有馬線

有馬温泉駅

（兵庫県・神戸市）

初めての有馬温泉を満喫した一泊二日

三宮から有馬温泉まで約30分の鉄道旅

講演の仕事で神戸に行った。

ついでに神戸から行ける終着駅を探してみたら、ありました。

有馬温泉駅。

三宮駅から、神戸市営地下鉄西神・山手線で谷上《たにがみ》駅まで行き、神戸電鉄有馬線に乗り換え、有馬口駅。そこから有馬温泉駅まで一駅。三宮から約30分の乗車だ。

有馬温泉は有名だがまだ行ったことがない。どんなところなのか、なんの知識もない。でも名だたる温泉とあらば、この機会に浸かってみたい。その温泉街も歩きたい。

谷上からの有馬線にはいろいろな車両があるようだが、古いタイプの赤とクリーム色の列車に乗れた。ラッキー。

午後の時間帯だったせいか、乗客には学生も多かった。

有馬温泉口で最後の乗り換えをすると、学生たちもいなくなり、もう乗客は温泉に向かう観光客ばかりだ。列車はいきなり山の中に入り、しかも線路は結構な上り坂だ。有馬温泉って、そういう場所にあるのか。

と思っているうち、長いトンネルに入り、それを抜けると、そこはすっかり山に囲まれて、一駅前までとは、なにか別世界。少しテンションが上がる。

有馬温泉駅は近代的な駅舎で、青いミラーガラス張りのモダンなデザイン。レトロな電車に乗ってウキウキやってきたボクには、ちょっと違和感があった。この連載の扉の、終着駅の色鉛筆イラストにするには、不向きに思えた。

宿でさっそく入浴し浴衣で温泉街を散歩

さて、宿だけは予約したものの、何の下調べもしてないボクには、有馬温泉という地域の、地理も規模も名物もなにもわからない。

有馬口駅から有馬温泉駅は一駅。
線路は結構な勾配を登る

ブルーのミラーガラスでモダンなデザイン、
有馬温泉駅舎

スマホで宿の場所を確認すると、駅から徒歩7分ほどだった。

駅前には有馬川が流れていて、低い河原が歩けるように整備されていて、赤い欄干の橋がある。いかにも古くからの温泉街っぽい。大きなホテルなども見える。古いお土産屋もある。いいじゃないかいいじゃないか。

着いた宿は、かなり古い木造二階建てだが、なかなか風情があってよい。

入ってみると、こぢんまりしていて、大浴場などもなかったが、二つの風呂場にはそれぞれ、赤錆のようなオレンジ色の湯と、透明の湯の、二つの小さな浴槽があった。

オレンジ色の湯は、とくに肌に心地いい。顔を洗うと、少ししょっぱかった。

温泉はやっぱりいいなぁ。

湯から上がって浴衣に着替えたが、まだ外は明るく、夕飯まで時間がある。

そこで、宿の草履を履いて、あたりの散歩に出てみた。

駅から来た道路に戻らず、宿の裏の細い路地をちょっと入ってみると、曲がりくねった坂道に、二階建ての木造の店が並んでいる。すごくいい雰囲気。昔の赤いポストも立っている。蕎麦屋もある。昔ながらの温泉風情だ。

モダンなカフェや茶房もあり、佃煮屋や民芸品屋と軒を

オレンジ色の「金の湯」。鉄分が酸化した色。隣が銀の湯

宿泊した「花小宿」。
小さくて古いけど、そこがとてもよかった

初めての有馬温泉街は、長い歴史と
変わらぬ人気を感じるエリアだった

INFO

ホテル花小宿

アクセス：有馬温泉駅より徒歩10分（送迎あり）
営業時間：不定休

連ねている。「炭酸煎餅」というのも名物らしい。その間に普通の民家も並んでいる。そんな道が、広く狭く、ぐるりと回って歩けるようになっている。「なるほど、これが声に聞く有馬温泉か」と大いに感心した。来てよかった。

湯泉神社という大きな神社があるようなので、行ってみる。長い階段の上で、汗を掻きつつ上っていくと、社は森に囲まれ、シーンとして誰もいない。鳥だけが鳴いている。お賽銭を半端な3円入れ、今回の旅の無事をお祈りした。

階段を降りると、間近の鐘楼の鐘がいきなり「ゴーン」と鳴って驚いた。なぜ驚いたかというと、鐘楼の上に人影が無かったからだ。ちゃんと鐘突き棒が、鐘を突いているのだが、突く人はいない。でも音は録音ではなく、確かにその鐘の余韻が鳴っている。突き棒が機械的に動かされ、鐘を突いたらしい。

見てたら、またいきなり「ゴーン」と鳴ってもう一度驚いた。というのは、野球の投手でいえば「ノー・ワインドアップ投法」で、撞木が予備モーションゼロで、いきなり釣り鐘を突くのだ。驚いてから、笑ってしまった。どういう仕組みなんだろう。無人唐突鐘突き。

温泉街には、少し離れて「金の湯」と「銀の湯」という、二つの大きな日帰り温泉施設もあった。能書きを読むと、それぞれ泉質が違い、金の湯は鉄分が含まれ、濃いオレンジ色に見える茶褐色で、海水より塩分が高い。銀の湯は無色透明の炭酸温泉だという。あ、泊まっている宿の二つの湯はそれだったのか、と思った。トクをした気分だ。

宿に戻って、もう一度ざぶんと風呂に入り、夕飯。もちろんビール・地酒も頼む。どれもおいしかったけど、稚鮎の塩焼きが絶品だったな。料理の数や量が多すぎないのも、この歳になるとありがたい。釜炊きのごはんが最高においしくて、何と食べても顔がほころぶ。

宿の案内に、今の時期、有馬川のもう少し下流にホタルが見られるとある。ホタルなんて、10年以上見てない。夕食後、腹ごなしに行ってみる。駅のすぐそばだが、観光客はひとりもいない。

と、川にふわっと小さく点滅する光が、三つほど、すぐ見つかった。不意打ちで、小さく興奮する。もう少し、下流の方に歩いて行ってみる。さらに暗い道だ。

橋の上から見ていると、多くはないが、いろいろな場所にホタルが点滅していた。そしたら、こんな時間に遊歩道をほうきで掃いていたおじいさんが、

「ホタルな、今年は少ないな」

と関西訛りで話しかけてきた。ボクはホタルが見られた感動を人に話せて嬉しい。

すぐに歩き去ったおじいさんだったが、ボクがまだ川の

湯上りに、浴衣で温泉街を散策。コンパクトに周遊できる

駅前を流れる有馬川。
この川の下流で、夜、ホタルを見た

旅館の料理でおいしかった、
稚鮎の塩焼き。地酒にウマイ

ホタルを見ていると、戻ってきた。

「ちょっと手を出して」

というので「まさか」と思ってそうすると、握った手から、ボクの手のひらにホタルを1匹のせてくれた。

うっすら緑がかった光が、ぼーっと光っては、ふっと消える。感激した。ひと呼吸置いて、ホタルは川の暗がりに飛んで行った。おじいさんは低い声で「ふっ」と笑って去った。

ボクも宿に戻って、部屋で飲み直すことにした。気分はホタル酒だ。

INFO

六甲有馬ロープウェー

アクセス:有馬温泉駅より徒歩16分
営業時間:季節・曜日によって変動、不定休

六甲山頂にはいろいろな施設があり楽しめる。神戸一望

新しいゴンドラは窓もめちゃめちゃ大きく、眺望も最高だ

ロープウェーに乗って六甲山山頂へ

翌朝はもちろん朝風呂に入って(もちろん金の湯、銀の湯を味わって)、朝食の後、ぎりぎりまで宿にいた。11時チェックアウトなのが嬉しい。

昨日歩いた時、夕方で閉まっていた店など覗いてぶらぶらする。ある店で手作りの靴を衝動買い。

また来たい温泉街だ。まだまだ見るところはある。

山頂テラスでジンギスカン丼。ワンカップは「六甲の頂」

帰りの谷上駅から乗った地下鉄は、行きと車体の色が違った。これも渋い

少し離れたところに「六甲有馬ロープウェー」というのがあることを知り、歩いて行ってみる。
有馬温泉と六甲山頂を12分で結ぶロープウェーで、近年新しくしたらしく、ゴンドラも新しく、大きく、窓も極めて広く、乗り心地よい。
もう完全な山の中というか山の頭上で、眺望がすばらしい。紅葉の季節なんか、すごいんじゃないか。男性ガイドのしゃべりが完全に関西芸人で、笑う。
六甲山頂からは、神戸の街と瀬戸内海が見渡せた。お腹が空いたので、テラス席でジンギスカン丼を食べた。山頂は涼しく、実に気持ちよかった。

有馬温泉駅MAP

JR長崎本線

長崎駅

（長崎県・長崎市）

発展途上の新幹線の終着駅

西九州新幹線の開業を待つ長崎駅前から旅を始める

西九州新幹線が開通するというので、終着駅長崎駅からの散歩をしに行った。

長崎空港から長崎駅行きのリムジンバスで47分。思ったより遠い。長崎駅バス停で降りたが、長崎駅がどこだかわからない。そこに案内表示が無い。

重い荷物を持って歩道橋を渡ると近くに駅前ビルらしき建物があった。経験上、あの中に入れば駅に通じているだろう、という甘い考えでエスカレーターに乗ったら、駐車場にしか行けなかった。

すごすご降りてきて、バスが来た道に戻ってキョロキョロしていたら「2025年フルオープン　進化する陸の玄関口長崎駅」というイラスト看板があった。見たところ、その絵のようにはまだ全然できていない(別の場所に「2023年秋に前倒し開業」と書いてあった)。

看板を頼りに探すと、遠くに駅らしき新しい大きな建屋が見えた。広い工事現場の向こうで、かなり距離がある。そこまで、どうやって行けばいいのか。

人が歩いていく方に着いていくと、やっと「長崎駅→」という看板があった。

長崎初めての人にはわかりにくい。そこからプレハブ的通路や、テント屋根の通路を通って、やっと新長崎駅舎に着いた。バス停からかなり遠く、汗をかいた。

外観的にできたばかりの新幹線長崎駅舎は、さすがに大きくスタイリッシュだ。ここを新しい長崎の顔にするぞ、と言う意欲が感じられる。

まだ工事中部分が多いが、1階の広い土産売り場的ショッピングモールは営業していた。フードコートもある。

ボクは散歩に向け、とりあえず駅のロッカーに大きな荷物を入れて、身軽になった。

まだまだ工事中。奥が新幹線のホーム。
完成すると、かなり規模の大きな複合施設になる

さて、ここから長崎の中心街に行くには、路面電車を利用するようだ。ところが、この路面電車にはたくさんの系統があって、各方面に向け細かくホームが分かれていて、わかりずらい。知らない地名ばかりだし。結局、何度も階段を上ったり下りたりしなければならなかった。エレベーターもあるようだが、場所がわからない。

そんなわけで、長崎の第一印象は「わかりにくい」「表示が不親切」「階段多い」と、散々だ。

だが、それもまたよし。遠い旅の、異国情緒である。

路面電車に乗って新大工町から歩き始めた

路面電車には、いろんなカラーがあって楽しい。車体もかなり古い型のや最新型のがあった。ボクのところに来たのは、一番オーソドックスなクリーム色と緑の二色の車体で、ボク的にはアタリだ。前面部の窓が独特。

東京の都電荒川線は「チンチン電車」と呼ばれるだけあって、ベルが「チンチーン」と鳴るが、長崎のは「チーン」と一度しか鳴らない。「チン電車」だ。

「大工町」というところが古い街っぽい感じがしたので「新大工町」停車場で降りる。

大通りから路地に入り、適当に歩いていたら、住宅地に

レトロな車両から、モダンなのまで車種多用だ。ボクが乗ったのはこれ。アタリ

街中の住宅街に小さな銭湯発見。飛込みで入りたかったが暖簾は出ているのに休業で残念

「白菊湯」という銭湯を発見。小さい。珍しいスタイル。2階は民家だ。暖簾が出ていたが「本日休業」。うー、お盆だからか。地方で出合ったシブイ銭湯に、飛び込みで入るのが大好きなボクとしては、超残念。白菊湯、という名前もステキなんだけどなぁ。

11時半を過ぎ、腹が減ってきたので、ちゃんぽんかうどん屋でもないかと歩いていたが、行き当たらない。

そんな時、地元の人しか入らないであろう「みやち」という小さなお好み焼き屋を発見。またまたボクはそこでお好み焼きを食べず、焼きそばを食おうとしている。

ご夫婦でやっている小さな店だった。どこか懐かしい、住宅地のお好み焼き屋さん。

お好み焼き「みやち」でソース焼きそば。
麺がチャンポン。鉄板でアツアツ

INFO

お好み焼 みやち

アクセス:新大工町電停より徒歩3分
営業時間:10時30分〜16時、日曜定休

長崎到着お疲れビールを飲みたかったが、酒は置いてないようだった。ソース焼きそばは、麺がチャンポンのものだ。ソース香ばしく、現地の味っぽくておいしかった。

そこから商店街に入って歩いてたら、4～5人の男たちが、道端で大きな船のようなものを作っていた。

舳先に巨大なラッパ状のものが付いている。その周りと屋根の上が、緑の葉で覆われている。こんなものは初めて見た。そのうちハッと「もしかして、これが精霊流しというやつか」とひらめいた。

まさに今日はその日、お盆じゃないか。さだまさしの精霊流しって、こんなに大掛かりなのもあるのか。とても担ぐことのできる大きさではない。どうにかして引いていくのか。もっと小さくてなよなよしたものと思ってた。

商店街の中に、古そうな喫茶店「冨士」があり、店頭に「長崎名物ミルクセーキ」と書いてある。夏季限定らしい。土地の名物を食べたいと思っていたし、ちょっと座りたかったので、入店。昭和を偲ぶ内装の店内で、広い。椅子もゆったりした回転椅子。

お客さんの年齢層は幅広い。若い女性二人もいれば、おばあちゃんたち、老紳士。みな、店に馴染んでいる。

出てきたのは、アイスミルクセーキだった。ミルクセーキをシャーベット状に凍らせたもの。初めて見た。

街角で作られていた精霊船。
こんなに大きいのもあるのか！

長崎名物という、冷たいミルクセーキ。
器がなんとも昭和な感じ

INFO

冨士

アクセス：新大工町電停より徒歩3分
営業時間：9～18時、不定休

そろそろと食べてみたら、おいしい！　細かい氷がなめらか。ミルクの味が濃い。

暑かったこともあって、するすると完食。かき氷を一人で全部食べたの、20年ぶりか。

店を出て、喫茶店で調べた諏訪神社に向かう。

社殿への階段は、街中にも関わらず長く高かった。上がると、坂の多い長崎の街が俯瞰できた。向こう側の高い斜面にも、家や学校がたくさんある。通うのも帰るのも大変だろう。なぜあんな不便そうなところに。

諏訪神社にいる間、夕立が来た。すごい雨だったが、運よく本殿での軒下で雨宿りができた。おみくじを引いたら「後吉」。後吉？　そんな吉、初だ。「秋のみのりを待つが如し」とあった。はい。

眼鏡橋、出島をめぐって長崎駅に戻った

夕立は止み、青空がのぞいた。今度は眼鏡橋を見に行ってみよう。

中島川まで歩いて、川沿いに行けば着くようだ。途中、遠くで何度も爆竹の音がした。精霊流しは爆竹がつきものらしい。遠いので風流。近いとやかましいかもしれない。

川にはいくつもの石橋がかかっていて、絵になる雰囲気

諏訪神社から長崎の街を見る。坂が多い。このあと夕立になり、境内で雨宿り

さすがに観光客多いが、遠くで爆竹の音がしていい感じ。
この中島川に沿ってたくさんの石橋がある

出島は、埋め立てられた町の中にあった。

でもカニとフナムシがいっぱいいた

がある。その石の質感から、江戸時代からの橋かと思ったら、多くが昭和の時代に流されて再建とある。昭和モノは、もはや前近代的に見えるのだな。俺もです。

お盆のせいか観光客（帰省客？）も多い。

眼鏡橋に着くと、そんな人たちが大勢写メを撮っていた。

橋は水に映った影と合わせメガネのように見える。

近くには「チリンチリンアイス」という屋台も出ていた。

少し歩いて路地に出ると花火屋さんがあった。店の前に「爆竹半額以下」の看板が出ている。老舗っぽい花火専門店で、たくさんの客で店内は混んでいた。見たことがない花火がものすごい数ある。

「爆竹1ケースセット57％引き　59800円」とあり、驚く。300個。そんなにやるのか。6万円って。今夜はどっかに行くと、そんなのを買った人が集まってて、物っ凄くうるさいことになっているのだろうか？


ここにいる時、再び夕立。まるでスコールのような豪雨。店内で雨宿り。ついボクも珍しい花火を買う。


雨が上がり、近くの停車場から路面電車で、出島に行く。驚いたことに、出島は全部内陸に入っていた。そうなのか。だが、その石垣部には、無数のフナムシとカニがいて、ここが今も海に近いことを物語っている。

たくさん歩いて疲れたので、タクシーを拾い、駅に帰る。

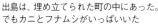

花火専門店「立岩商店」店内。
お盆で混んでる。
見たことない花火無数

花火屋にいるときまた夕立。
お客さん全員雨宿り状態。
凄い雨だった

バスと違って、新駅舎の正面に着いた。
この後、島原に電車で行くことになっていたが、時間があったので新長崎駅のフードコートを流すと、立ち飲みがあった。昼に飲み損ねたビールを飲み、長崎の地酒を一杯。店員が明るくて、肴旨くて、安い。好印象で長崎を出発できた。
ちなみに買った花火は、帰りの長崎空港で没収された。

INFO

立岩商店

アクセス：賑橋電停より徒歩2分
営業時間：10〜16時、土・日曜・祝定休（夏季は休まず営業）

長崎駅MAP

島原鉄道　島原鉄道線

島原港駅

（長崎県・島原市）

黄色の列車が映える小さなかわいい駅

特急「かもめ」から乗り換え島原鉄道に

終着駅は、長崎県の島原鉄道島原線の島原港駅。前回の長崎からの続きです。

長崎駅から長崎本線で諫早《いさはや》駅まで行き、乗り換えて1本。長崎本線は、特急「かもめ」。黒い方の車両だった。前面中央のライトが、前を向いた鼻の穴のようにも見え、カモメというより、ゴリラのようだ。頼もしくてよい。

島原線の車両は、うって変わって黄色のかわいいワンマンの1両車だった。

島原は初めて行くので、どこにあるどんな場所か全然知らなかった。長崎県は、あらためて地図で見ると、半島があちこちに伸び、海が入り込んだ奇怪な形をしている。五島列島と壱岐《いき》と対馬も含めると、日本で一番まとまりのない形の県かもしれない。

島原半島の中央には雲仙岳がドーンとある。その一角の普賢岳が大噴火したのは1991(平成3)年。もう30年以上前なのか。当時ニュースで見た噴火映像には戦慄した。火砕流・土石流という言葉と現象も、その時に知った。

島原駅や島原港駅はその被害からわずかに免れている。

島原鉄道は途中からずっと海沿いなので、車窓からの景

特急かもめ。長崎駅からこれで諫早駅まで行く。頼もしい

大三東駅。確かに海に激近。干潮で曇りなのが残念

色が気持ちよかった。

大三東《おおみさき》駅は「日本で一番海に近い駅」と言われる。

残念ながら干潮で曇りだったけど、屋根も柵もないホームの向こうは確かにすぐ海。満潮で晴れていたら、最高の眺望だろう。清涼飲料水のCMで使われているのもわかる。

狭く短いホームには黄色いハンカチがたくさんかかっていた。「幸福の黄色いハンカチ」イベントが行われた名残らしい。ハンカチには願い事が書き込まれていた。

島原駅で下車すると町で精霊船とすれ違う

ボクは島原港駅の三つ前の、島原駅で下車した。市の中心はこちらで、飲食店なども集中している。

長崎から島原までは、2時間以上かかった。着いたらもう夕方だった。腹が減っていたのだ。

島原駅舎は、大きな瓦屋根を有す堂々たる和風建築で、まるで城の正門のようだ。見上げて「へぇ」と感心して振り返ったら、駅前通りの奥に黒々と城がそびえていた。「おぉ」と軽くのけぞる。そういうものがある町だったんですね。情けない、全然わかってなかった。勉強不足。

また雨が降り出した。折り畳み傘を出し、ちょっと歩いたら土砂降りになったので、商店の軒下に逃げ込む。防水

島原駅。まるで城の正門のように大きくて立派。歴史を感じる

の靴を履いてきてよかった。

雨足が弱まったところで、アーケード街まで足を急ぐ。ここに入れば夕立も大丈夫だ。とりあえずなんか食べよう。ところが、この日は8月15日のお盆中日。ラーメン屋も居酒屋も、お店はほとんどお休み。そうなのか。まいった。あてどなく歩き回っていたら、横道に雨の中、美しい精霊船と、それを囲むハッピ姿の人々が見えた。

長崎とはまた違う。飾られているのは「切子とうろう」というらしく、水色のヒラヒラがきれい。爆竹もしばしば鳴らされている。しかし、この雨で担ぎ手も気の毒だ。精霊流しも大変だがこっちも、開いてる店探しで必死だ。

島原駅を出たところから見える島原城。
あいにくの雨模様

雨の中の精霊流し。長崎とは違う。
切子とうろうが美しい

そしたらさっきと別の精霊船がやってきた。

「ナマイドー、ナマイドー」

と掛け声を上げている。これはあとで知ったが「南無阿弥陀仏」の訛ったものだそうだ。ボクは最初「毎度〜、毎度〜」と言ってるように聞こえ、ものすごく大掛かりな蕎麦屋の出前みたいで、なんだかおかしかった。

ようやく路地の奥に一軒だけ、提灯が灯ってる居酒屋「ゆうもあ亭」を発見。やった！

と一瞬喜んだが、待てよ、これだけどこもかしこも休みの中、一人だけ営業してるなんて、とんでもなく偏屈なオヤジがやってるのかもしれない。

でも歩き回って足は疲れてるし、腹はペコペコだし、座ってビール飲みたい欲に負けて、入店。

カウンターだけの明るい店で、ご主人も気さくな方だった。静かに一人で飲んでいる先客もいた。

一杯目の生ビールが激旨！　店主の注ぎ方も上手いのだと思う。お通しのジャガイモとウインナーもおいしくて、心もお腹もホッとした。

こちらではフグを「がんば」と言う。初めて聞いた。このがんばの唐揚げが、絶品。最高においしかった。

先客が頼んだのに乗っかって「レモンステーキ」も注文。佐世保発祥の名物だとか。空腹で疲労とあって、焼いた肉が口に体に心に、充実感を与えてくれるようだ。

「ここからが見せ場なのに」

と店の人に言われながら、疲れてて、酔いも回って、精霊船が有明海に入るところは見に行かず、宿に向かい、早く寝た。

2日目も島原駅に戻り自転車で城下町をまわった

翌日、雲は残るも、青空も広がってきた。

がんば唐揚げ。歯応えもいいいし、味もいいい。肴にも最高

INFO

ゆうもあ亭

アクセス：島原駅より徒歩10分
営業時間：17時30分〜23時、日曜定休

島原港駅と島原線のワンマン1両車。後ろに雲仙の山々

ホテルからは雲仙の山がどーんと見えた。噴火した普賢岳は、目の前の眉山・七面山のちょうど裏側になると、気さくなホテルのおばちゃんが教えてくれた。「あのおかげでね、ここらは大丈夫だったんですよ」

宿を出て、まずは島原港を見に行く。

フェリーが出て行くところだった。今日はあれに乗って有明海を渡り、福岡まで行こうと思っている。

昼間見る島原港駅は、小さくてかわいかった。黄色い電車が似合う。その背景に雲仙岳が覗いている。

もう一度島原駅に行き、電動アシスト付きのレンタル自転車を借りる。最近は、旅先でよく活用している。

まずは島原城を見に行く。お堀にハスが群生、白い花が

大浴場のあるホテルの７階から見た雲仙。温泉の泉質もよかった

たくさん咲いていて、風が抜けて行く。

城は改修工事中で、見事に全部足場に覆われていたが、逆に現代アートのようで面白い。梱包芸術のクリストの作品みたいだ。

一応、入場料を払って、天守閣最上階まで登った。途中の階で「島原の乱」のことをおさらい。全部忘れてる。

島原城。この姿が逆に面白かった。最上階まで登れる

武家屋敷。いくつかの家に入ることができる。散策向き

そこから観光コースの武家屋敷に行った。

当時の街並みが残っていて、水路を水が流れ、静かで、散歩にはちょうどいい。

お昼は、自転車で走り回って、おいしそうなうどん屋「ほんだうどん」を発見。次々に客が入って行く。少し並んで入って食べた。肉うどん。大当たり。ここはまた来たい。

島原市内には、湧水で冷やす名物「かんざらし」を食べ

肉うどん。普段、並んでまで食べることはないが、店構えがよくて、並ぶ。結果、大正解

INFO

ほんだうどん

アクセス:島原駅より徒歩10分
営業時間:11時30分～15時、日・月曜定休

かんざらし、冷たくてつるんと上品。
酒飲みも好きな甘さ。水がおいしい

INFO

清流亭

アクセス:島原駅より徒歩10分
営業時間:9〜17時30分、不定休

させる店がたくさんある。少し調べて「清流亭」に行った。

かんざらしは、白玉粉で作った小さな団子。上品な甘みで、暑い時期、つるんと食べられる。島原は湧き水が豊富だそうだ。清流亭のコップの水がまずおいしかった。

いろいろ駆け足で回った島原だったが、楽しかった。島原港に戻り、船を待つ間、お土産に島原そうめんを買う。

乗った船は、朝そこで見送ったものより、ずっとずーっと小さな船でした。優雅にとはいかなかったが、それもまた楽し。大牟田港行き。

島原港駅MAP

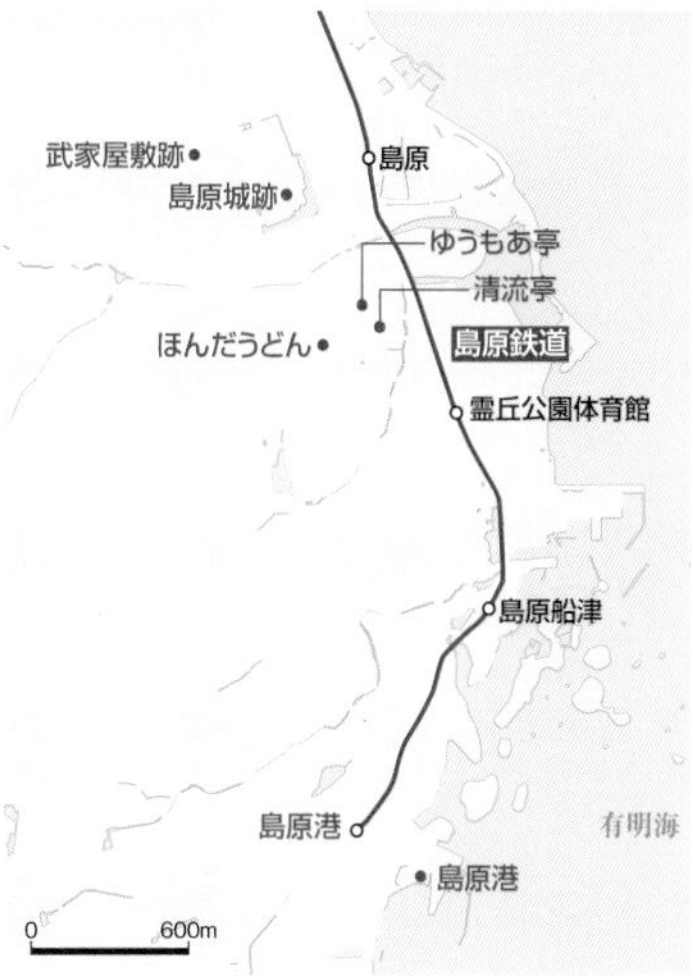

京王電鉄　京王線

京王八王子駅

（東京都・八王子市）

地下駅の外に広がる清々しい街

[時谷堂百貨] ビルの5階は紳士帽子が形、色、素材、サイズ、すごい品揃えだ

INFO

時谷堂百貨

アクセス：京王八王子駅より徒歩1分
営業時間：11〜17時、土日曜祝定休

「Mt．TAKAO」号に乗って京王八王子駅へ

京王八王子駅は、JRの八王子駅と約400m離れた、京王線の終着駅だ。

ボクは中央線人なので、京王八王子駅に行ったことがなく、今回初めて、井の頭線明大前駅経由で行った。

運良く、9月30日から運行を開始したラッピング車両「Mt．TAKAO」号に乗ることができた。帰ってきて知ったのだが、車両側面の山のイラストが、春夏秋冬で色変わりするらしい。知っていれば、そこの写真も撮ったのに。今回は紅葉をイメージしたオレンジ色だった。

さて、到着した京王八王子駅は地下で、駅舎は当然なく、地上には商業ビルがドーンと立っているだけで、ちょっとつまらない。絵にも描けない。

「駅は駅ビルになってるのが便利」という合理主義一辺倒の考え方は、この愛すべき鉄道を、愛おしい駅舎を、日本からひたすら消滅させていく。

それはさておき、まず、個人的に冬物の帽子を買おうと思って、京王八王子駅の近くにあるという、大きな紳士用帽子店「時谷堂百貨」を探した。

ところがスマホの地図に出ている場所に、店がない。ようやく見つけたら、雑居ビルの5階だった。看板も出てないし、これはわからない。

でもエレベーターを降りたら、おびただしい帽子が目に入る。それもオーソドックスな、紳士帽のみ。種類も色も品揃えが半端ない。これはすごい。気に入ったのがあったので、購入。

この日は最高の秋晴れだったので、ボクはまず駅のまっすぐ北に位置する小宮公園に行くことにした。

レンタル自転車に乗って丘の上まで走る

ＪＲ八王子駅の近くで、電動アシスト付きのレンタル自転車を借りる。これに乗って、公園まで約10分のはず。

浅川を越える浅川大橋からの眺めがスバラシイ。水面に青空が映り、そこに大きな白鷺が立っている。川岸には黄金色のススキが広がり、その奥に紺色の山々がその輪郭をくっきりと見せている。東京都の山岳部が近い。

橋の先は丘陵になっていて、公園はその上にある。

丘を登る坂の手前で、ラーメン屋を発見。「めん屋とんぼ」。なんとなくおいしそうな気がして、腹ごしらえすることにする。時計を見ると、13時。

まだ若そうな店主だ。「塩ラーメン」７００円を頼む。他

浅川大橋を渡る。最高の秋晴れ。
大きな白鷺が川の中に立っていた

八王子ラーメンといえば、玉ねぎのみじん切りだ。

「めん屋　とんぼ」の塩ラーメンにも入っていた

INFO

めん屋 とんぼ

アクセス：京王八王子駅より徒歩15分
営業時間：11〜21時、木曜定休

に客は二人。いずれも女性一人客。ちょっと期待できる。

やっぱり、アタリ。うまい。油でスープがいつまでも冷めない。その油がもたつかない。細麺の縮れ麺もスルスル入り、焼豚も爽やかで完食。八王子ラーメンの特徴の刻み玉ねぎも入っていて、よかった。

さて、かなり急な坂道も電動アシストのおかげで難なく登り、丘の上の住宅地を抜けて小宮公園到着。

森の公園だ。日差しの暑い日だったが、緑のおかげでひんやり心地いい。人がいないのでマスクを外し、思い切り緑の空気を吸う。鼻が、喉が、肺が、ウレシイ。

「小宮公園」の森は近くに住みたいほどいい。
整備のボランティアの人たちが、大勢いた

頭の上では、絶えず鳥がさえずっている。見知らぬ茶色い鳥が枝にとまっている。

木の道は整備されていて、歩きやすい。目を落とせば道脇に小川が流れ、見上げれば木々がまっすぐどこまでも伸びている。森の天井が高く、胸がすく。

まるで、どこか遠くに旅行に来たみたいな気分だ。こんな心地いい深い森が、駅から自転車で10分のところにあるなんて。軽井沢に移住しなくてもいいじゃないか。

森の空気を堪能したら、自転車で坂を下り、浅川沿いの遊歩道を走る。ここも気分いい道。

橋を渡って、街中、駅前に戻る。

駅のそばに、老舗っぽい「布屋パン」発見。「ミニ栗アンパン、今年も始めました」と書いてあるので、入る。3個入って360円。買う。

レジのおばちゃんに「パンはこちらで作っているんですか?」と聞くと「この上で作っています」という。やっぱり。「この店は古いんですか?」と聞くと「はい。もう、62年ぐらい?になります」と言った。それはもう老舗だ。

ウチまで我慢できず、店の前の竹のベンチで1個食べたら、超ウマイ! アンコの中の刻んだ栗が、秋の甘み。パン自体も麦の香りと噛み応えで、おいしい〜。

今これを書きながら、確認のためネットで調べたら、布

店構えは新しいけれど
きっと老舗に違いない、
と思ったらその通り

ミニ栗あんパン。
季節もの。パンがうまい。
栗餡の香りも最高

INFO

布屋パン

アクセス：京王八王子駅より徒歩10分
営業時間：8〜20時、日曜定休

屋パン、創業大正10年！　110年目だよ、おかあさん！
どこで間違ったの。

甲州街道沿いは楽しい 日が暮れたら渋い店へ

八王子の街は四方八方に広く広がっていて、新しいチェーン店や大規模店の間に、ちょこちょこ古そうな店が挟まっている。ぼんやり歩いてると、名店を見過ごす。

「八王子夢美術館」ここには林静一さんの個展を見に来た。だがその隣が、ユーミンの実家「荒井呉服店」とは、今日まで知らなかった。ピカピカの新しいビルで、これも別の意味で新規の店に埋もれ、言われなきゃ見逃す。

それから気まぐれにジグザグ自転車を漕いで回ってたら「松の湯」という銭湯を発見。

外装がモダン。新しい銭湯なんて珍しいな、と通り過ぎようとしたが、後ろにそびえる煙突が古くてがっしりして貫禄あり思わず引き返し、飛び込みで入る。16時か。

入浴料500円払い、40円でタオルを借りる。浴場に入ってビックリ、ほぼ満員という賑い。年寄りから親子連れまで客層豊か。ちょっとびっくり。

順番を待っての、メインの炭酸風呂が気持ちいいのなんの。こりゃあ人気もわかる。高い天窓から午後の日差しが

この太い煙突とそこに書かれた文字を見て「入って行こう」と思った

入り、湯温は低めなので、いつまででも入っていたい。

2階が漫画室になっていて、そこでコーヒー牛乳を飲んだ。こういうスタイルも新しいが、江戸時代の浮世風呂も、2階で将棋指したり、こんな感じだったのだろう。

ここで一息つけるのは嬉しい。細く開けた窓から入ってくる外気が気持ちいい。

さっぱりして表に出たら、隣の路地に、甘納豆専門店「みツ橋」発見。

土地の人に大人気の銭湯だった。
炭酸湯が超気持ちよかった

INFO

松の湯

アクセス：京王八王子駅より
西東京バス「織物組合」下車徒歩3分
営業時間：14～23時30分、火曜定休

入ると、販売カウンターの向こうで、無添加の甘納豆を作っている。

「孤独のグルメ」の松重豊さんが、酒をやめて、甘納豆に凝ってるので、お土産に2種類買う。洋酒のつまみにもいいという。試食したら、確かに合いそう。これはウマイ。

甲州街道沿いにも、古そうな個人商店がぽちぽちあって、いちいち停まってしまう。各種染料を中心いろいろ売っていて、ちょいと謎の「橋本要助商店」には「リトマス紙Ph試験紙」なんて張り紙があり、懐かしく、必要ないのに欲しくなったりした。

日が暮れてきたので、どこかで飲もうかと思ったが、町外れの小さなシブい個人店に行きたくて、長いこと探し、川のそばの路地で赤提灯「やきとりおじさん」を見つけて入る。旅の人は絶対入らないだろう。

一日自転車に乗り、歩いて、銭湯にも入ったから、ビールが最高にうまい。焼き鳥もおいしい。

無添加甘納豆製造販売の「みツ橋」。
甘納豆に対する考えを改めた店だった

INFO

みツ橋

アクセス：西八王子駅より徒歩15分
営業時間：10～18時、日曜定休

一見さんはまず入って来なそうな場所に
ポツンとある焼き鳥屋を発見。
入るしかない。そしたら……

INFO

やきとりおじさん

アクセス：京王八王子駅より西東京バス
「浅川橋」下車徒歩10分
営業時間：17～22時、日曜定休

焼き鳥をつまみながら、終着駅を夢想してみる

飲んでいたら、ガラリと戸が開いて、小学生が二人入ってきたのでびっくりした。焼き鳥屋に、小学生。後から母親らしき人も来て、奥の座敷でジュースやなにかを食べて学校のことなど話している。この店の子供でもなさそうだ。店主も他の客もそれが普通みたいな顔をしている。

メニューをあらためて見たら、最後のところに「そば３５０円」「うどん３５０円」とあり、そんなのがあるのかと驚いていたら、さらに「海老ピラフ４５０円」とあり、あらためて「なんだこの焼き鳥屋」と嬉しくなった。

こんな店に出会えるから、散歩はやめられない。

次の終着駅はどこにしよう、どこがあるかな。

京王八王子駅MAP

＼ 旅のスタート地点 ／

終着駅DATA

東武鉄道　大師線

大師前（だいしまえ）

所在地：東京都足立区
開業：1931（昭和6）年
ホーム形状：1面1線

アルピコ交通　上高地線

新島々（しんしましま）

所在地：長野県松本市
開業：1922（大正11）年
ホーム形状：1面2線

京浜急行電鉄　久里浜線

三崎口（みさきぐち）

所在地：神奈川県三浦市
開業：1975（昭和50）年
ホーム形状：2面2線

京浜急行電鉄　大師線

小島新田（こじましんでん）

所在地：神奈川県川崎市
開業：1944（昭和19）年
ホーム形状：1面2線

秩父鉄道　秩父本線

三峰口(みつみねぐち)

所在地:埼玉県秩父市
開業:1930(昭和5)年
ホーム形状:2面3線

JR五日市線

武蔵五日市(むさしいつかいち)

所在地:東京都あきる野市
開業:1925(大正14)年
ホーム形状:1面2線

伊豆箱根鉄道　大雄山線

大雄山(だいゆうざん)

所在地:神奈川県南足柄市
開業:1925(大正14)年
ホーム形状:1面2線

東武鉄道　宇都宮線

東武宇都宮(とうぶうつのみや)

所在地:栃木県宇都宮市
開業:1931(昭和6)年
ホーム形状:1面2線

伊豆箱根鉄道　駿豆線

修善寺(しゅぜんじ)

所在地:静岡県伊豆市
開業:1924(大正13)年
ホーム形状:3面5線

西武鉄道　新宿線

本川越(ほんかわごえ)

所在地:埼玉県川越市
開業:1895(明治28)年
ホーム形状:2面3線

富士山麓電気鉄道　富士急行線

河口湖(かわぐちこ)

所在地：山梨県富士河口湖町
開業：1950(昭和25)年
ホーム形状：2面3線

西武鉄道　多摩川線

是政(これまさ)

所在地：東京都府中市
開業：1922(大正11)年
ホーム形状：1面1線

JR弥彦線

弥彦(やひこ)

所在地：新潟県弥彦村
開業：1916(大正5)年
ホーム形状：1面1線

小田急電鉄　江ノ島線

片瀬江ノ島(かたせえのしま)

所在地：神奈川県藤沢市
開業：1929(昭和4)年
ホーム形状：2面3線

阪堺電気軌道　阪堺線

浜寺駅前(はまでらえきまえ)

所在地：大阪府堺市
開業：1912(明治45)年
ホーム形状：2面1線

上信電鉄　上信線

下仁田(しもにた)

所在地：群馬県下仁田町
開業：1897(明治30)年
ホーム形状：1面2線

JR長崎本線

長崎(ながさき)

所在地:長崎県長崎市
開業:1897(明治30)年
ホーム形状:4面9線

神戸電鉄　有馬線

有馬温泉(ありまおんせん)

所在地:兵庫県神戸市
開業:1928(昭和3)年
ホーム形状:2面2線

京王電鉄　京王線

京王八王子(けいおうはちおうじ)

所在地:東京都八王子市
開業:1925(大正14)年
ホーム形状:1面2線

島原鉄道　島原鉄道線

島原港(しまばらこう)

所在地:長崎県島原市
開業:1960(昭和35)年
ホーム形状:1面1線

文・イラスト・写真:久住昌之
写真協力:金子豊果　金子豊歩

※本書の内容は『旅と鉄道』2020年1月号〜2023年1月号および『旅と鉄道』2022年増刊11月号に掲載された内容を再編集したものです。
※本書に掲載されている駅および店舗・施設等の情報は2022年12月時点のもの。最新情報は公式ホームページ等をご参照ください

あとがき

これは隔月刊誌「旅と鉄道」に連載されたものを加筆修正してまとめたものだ。

毎回終着駅の駅舎イラストを入れましょう、というのは担当編集者の提案だった。

そんな時、これまでは、知人に写真を渡して描いてもらってた。和泉晴紀さんとか、弟の久住卓也に。駅舎の絵なんて考えただけで、メンドクサイから。

でも、なぜかこの時は、打ち合わせの流れで、自分で描きますと言ってしまった。

それで、描くにあたって、画材は色鉛筆にすることにした。絵の具で描くのは時間がかかりそうだし、ペン画は描写力に全然自信がないし、カラーのサインペンは滲んだりしてドブ色になりそうだ。

だけど、色鉛筆の絵は普段ほとんど描くことがなかったので、絵柄が決まっていない。イラストとしてのスタイルがない。

でも、あんまりがんばって描いたら、必ずボロが出る。肩に力が入ったら、コケル。

それでわりと描き慣れた0・3と0・5のミリペンで線画を描いて、色鉛筆で色を塗ることにした。とにかく考え過ぎず、楽に、最後まで楽しんで描こうと思った。

そうやって恐る恐る描いたのが、最初の「新島々駅」の絵。背景の山の木々をどう描いたらいいのか、迷ったが、真面目に描くとヘタクソがバレるので、葉っぱっぽい線を軽く入れて、あとは色でゴマカすことにした。

鉛筆で下書きしてたら、なんかやっぱりツマーンナイ絵なので、自分を描き込むことにした。これもゴマカシ。後ろ姿なのは、まだ迷ってオドオドしてたんです。

駅名が細かくて白い文字なので、色鉛筆で描けない。それで、できた絵をスキャンしてから、看板部分をパソコンで拡大して、マウスで駅名を書いた。これは「ちょっとインチキ」と自分で思った。駅の中は暗くてよく見えないので黒で潰した。

送られてきた雑誌を見て、うーん、自分はちゃんと描いたほうがいいなと思った。

次は「大師前駅」。これは人物の周りの塗り潰し方が雑だったので、メラメラしちゃってて、今見ても恥ずかしい。

「小島新田駅」の日は、ピーカンで日差しが強く影が濃く、思いきって塗り潰した。

「三崎口駅」は、前回ベタを黒の色鉛筆で塗ってムラが出たので、マジックで塗った。

「武蔵五日市駅」は紙を変えてみた。失敗。

そんなふうに、毎回楽しみながら、四苦八苦、一喜一憂しながら描いていった。

今、全話通して絵だけを見ていくと、自分の絵が少しずつ変わっていくのが面白い。人に見せるのはテレくさいけどネ。

最後まで読んでくれて、ありがとう。ではまたどこかで。

二〇二三年一月某日　長野から帰りの新幹線車内にて

PROFILE

久住 昌之（くすみ・まさゆき）

1958年、東京都生まれ。1981年、泉晴紀と組んで「泉昌之」名義でマンガ家としてデビュー。『かっこいいスキヤキ』『新さん』『ダンドリくん』『豪快さんだ!』など多くの作品を発表。1999年、実弟の久住卓也とのユニット「Q.B.B.」による『中学生日記』で、第45回文藝春秋漫画賞受賞。谷口ジローとの共著『孤独のグルメ』、水沢悦子との共著『花のズボラ飯』など漫画原作者としてもヒット作多数。ほか、エッセイスト・ミュージシャン・切り絵師など幅広いジャンルで活動している。

久住昌之の終着駅から旅さんぽ
2023年2月26日　初版第1刷発行

著　者　久住昌之
発行人　勝峰富雄
発　行　株式会社天夢人
〒101-0051 東京都千代田区神田神保町1-105
https://www.temjin-g.co.jp/
発　売　株式会社山と溪谷社
〒101-0051 東京都千代田区神田神保町1-105
印刷・製本 大日本印刷株式会社

装丁　白石祐二
本文デザイン　ピースデザインスタジオ
編集　篠原あさ美（「旅と鉄道」編集部）

◉内容に関するお問合せ先
「旅と鉄道」編集部　info@temjin-g.co.jp　電話03-6837-4680
◉乱丁・落丁のお問合せ先
山と溪谷社カスタマーセンター　service@yamakei.co.jp
◉書店・取次様からのご注文先
山と溪谷社受注センター　電話048-458-3455　FAX048-421-0513
◉書店・取次様からのご注文以外のお問合せ先
eigyo@yamakei.co.jp

Printed in Japan
ISBN 978-4-635-82449-1